MARCO ⊕ POLO
NEUENGLAND
LONG ISLAND

Reisen mit
Insider-Tips

*Diese Tips sind die ganz speziellen
Empfehlungen unserer Autoren.
Sie sind im Text gelb unterlegt.*

*Fünf Symbole sollen Ihnen
die Orientierung in diesem Führer erleichtern:*

für Marco Polo Tips – die besten in jeder Kategorie

für alle Objekte, bei denen Sie auch eine schöne Aussicht haben

für Plätze, wo Sie bestimmt viele Einheimische treffen

für Treffpunkte für junge Leute

(112/A 1)
Seitenzahlen und Koordinaten für den Reiseatlas Neuengland/Long Island
(U/A 1) *Koordinaten für den Stadtplan Boston im hinteren Umschlag*
(O) *außerhalb des Stadtplans*

*Diesen Führer schrieb Doris Chevron. Die Journalistin lebt
in New York und Connecticut. Sie ist Amerika-Korrespondentin
der Zeitschrift »Architectural Digest«.*

*Die Marco Polo Reihe wird herausgegeben
von Ferdinand Ranft.*

Die aktuellsten Insider-Tips finden Sie im Internet unter http://www.marco-polo.de

MAIRS GEOGRAPHISCHER VERLAG

MARCO ⊕ POLO

Für Ihre nächste Reise gibt es folgende Titel dieser Reihe:

Die Marco Polo Redaktion freut sich, wenn Sie ihr schreiben: Marco Polo Redaktion, Mairs Geographischer Verlag, Postfach 31 51, D-73751 Ostfildern

Unsere Autoren haben nach bestem Wissen recherchiert. Trotzdem schleichen sich manchmal Fehler ein, für die der Verlag keine Haftung übernehmen kann.

Titelbild: Holzhaus in New Hampshire (Schuster: Layda)

Fotos: K. Kallabis (35); Lade: Elsen (24, 70), Thompson (66); Mauritius: Chord (28), Chrohmosom (30), Elsen (57), Hubatka (111), Kaiser (80, 88), Macia (84, 89, 90), Nägele (15, 74), Nakamura (33), Photri (31), Törino (10); Schapowalow: Heaton (20), Novak (12, 76); Schuster: Barnes (79), Harding (72), Ikeda (38), Layda (4, 60); K. Teuschl (16, 18); Transglobe: Compton (53), Harris (14, 43, 47, 58), Layda (9), Sommer (41), Wood (55)

5. aktualisierte Auflage 2000 © Mairs Geographischer Verlag, Ostfildern
Chefredakteurin: Marion Zorn
Lektorat: Heinz Vrchota
Gestaltung: Thienhaus/Wippermann (Büro Hamburg)
Kartographie Reiseatlas: © SGA Ltd. (MapArt), Canada
Sprachführer: in Zusammenarbeit mit Ernst Klett Verlag für Wissen und Bildung GmbH, Redaktion PONS Wörterbücher

Printed in Germany
Gedruckt auf 100% chlorfreiem Papier

INHALT

Entdecken Sie Neuengland!

Der ganze Charme der Gründerzeit weitab vom American way of life

Unter den vielen Gesichtern Amerikas befinden sich – 500 Jahre nach der Entdeckungsreise von Christoph Kolumbus – nur wenige, bei denen man einen Anflug von europäischer Kulturtradition spürt. Das Land der unbegrenzten Möglichkeiten hat sich fast zur Gänze von Europa abgenabelt.

Das gilt sicherlich auch für Neuengland, jenen Landstrich im äußersten Nordosten der USA. Doch erstaunlicherweise ist dort, wo das Land der Comics, Cowboys und Computer mal ganz klein und bescheiden angefangen hat, das Flair der Gründerzeit mit seinem altenglischen Stil nie ganz verschwunden.

Zwischen den ausladenden sandigen Buchten von Cape Cod und den schroffen Klippen von Maine, den weiten und einsamen bewaldeten Höhen von Vermont und dem Großstadttrubel von Boston lebt Altengland auf eine besondere, stoische Weise

Die traditionsreichen Holzhäuser täuschen vor, daß die Zeit in Neuengland stehengeblieben sei

weiter, die jeden, der sich für Amerika interessiert, auf Anhieb faszinieren muß.

Das kleine Eckchen im Nordosten der USA, nur etwa halb so groß wie die Bundesrepublik nach der Wiedervereinigung, ist dabei mehr als nur Symbol oder prächtig herausgeputztes Freilichtmuseum.

Neuengland ist das Herzstück jener 13 vereinigten Staaten, die sich 1776 von der britischen Krone lossagten und in einem langen, zähen Krieg Unabhängigkeit und Demokratie erstritten. Ein Gebiet, das jede Phase der Entwicklung der USA von der Kolonie der Aussteiger und Verfolgten bis zur dominierenden Nation des 20. Jahrhunderts entscheidend bestimmt hat.

Das wäre nicht möglich gewesen, wenn nicht das kleine Neuengland eines der hervorragenden Schulsysteme der Welt mit Eliteuniversitäten wie Harvard und Yale aufgebaut und Amerikas Übergang von Landwirtschaft und Fischerei zur Industrienation bewerkstelligt hätte. Es waren Connecticut und Massachusets, wo Postkutschen und

5

Geschichtstabelle

1000
Erik der Rote und die Wikinger
segeln bis nach Maine

1604
Samuel de Champlain er-
forscht Amerikas Nordosten

1614
Neuengland wird von der
britischen Krone beansprucht

1620
Ankunft der Pilgerväter auf
der »Mayflower« in Plymouth

1630
Boston wird gegründet,
gefolgt von Hartford (1635),
Providence (1636) und Portsmouth (1638)

1635
Harvard-Universität entsteht

1752
Die Einwohnerzahl von Boston
beträgt 50 000

1765
Der Versuch, mit dem Stamp
Act Koloniebewohner zu
besteuern, führt zum *Boston
Massacre* (1770) und zur
Boston Tea Party (1773), die
Meilensteine der Unabhängig-
keitsbewegung sind

1776
Die amerikanischen Kolonien
erklären ihre Unabhängigkeit
von Großbritannien

1789
Truppenführer George Wa-
shington wird erster Präsident
der Vereinigten Staaten

1791
Vermont schließt sich als
14. Staat den USA an

1820
Maine wird als 23. Staat in die
Union aufgenommen

1845
Eine Hungersnot in ihrer
Heimat führt Tausende von
irischen Einwanderern nach
Neuengland

1850
Höhepunkt des Walfangs und
Blütezeit des Überseehandels;
die Industrialisierung sorgt für
große metallverarbeitende
Betriebe, Spinnereien, Webe-
reien und Werften

1854
Eröffnung der Boston Public
Library, der ersten öffentlichen
Bibliothek der Welt

1865
Mit dem Sieg im Sezessionskrieg (Beginn: 1861) setzen die
Nordstaaten die Abschaffung
der Sklaverei in den USA durch

1900
Ende der puritanischen Do-
minanz. Katholiken stellen die
meisten Politiker Neuenglands

1954
Stapellauf der »Nautilus«, des
ersten Atom-U-Boots der Welt,
in Groton/Connecticut

1960
Mit dem Bostoner Senator
John F. Kennedy wird der erste
Katholik US-Präsident

1992
Indianer in Südost-Connecticut
bauen Foxwoods, das profi-
tabelste Kasino der Welt, und
werden zu Millionären

Revolver gebaut wurden, mit denen der Wilde Westen gezähmt und bezwungen wurde. Es war in Hartford und nicht in Detroit, wo die ersten Autos entstanden, die Amerika mobil machen sollten. Es waren Textilfabriken in New Hampshire und Rhode Island, die das Garn spannen, mit dem die Nation eingekleidet wurde, und Atom-U-Boote aus Connecticut, die im kalten Krieg das militärische Gleichgewicht mit den Sowjets hielten.

Fallensteller und Farmer, Erfinder und Industrielle, Lehrer und Professoren, Priester und Poeten sind in Neuengland eine unsichtbare, aber stabile Koalition eingegangen. Deren Meisterleistung besteht darin, das Land gepflegt und nicht ausgebeutet zu haben.

Sicher, vieles davon ist längst Vergangenheit. Und während sich die USA ungebremst ausdehnten, rückte Neuengland zwangsläufig allmählich an den Rand. Der Motor Amerikas läuft heute im Sonnengürtel von Kalifornien über Arizona bis Texas und Florida, und das Energiezentrum von einst sieht aus, als wäre in den putzsauberen Städten und Dörfern die Uhr stehengeblieben. Der Eindruck täuscht. So wie der puritanische Geist aus Neuengland mit seinen konservativen Grundwerten und seinem ungebändigten Gewinnstreben noch immer unterschwellig den amerikanischen Alltag bestimmt, so sind nunmehr Traditionsbewußtsein und aktiver Umweltschutz wichtige Aspekte in einem neuen Denken. In Neuengland weiß man das seit langem und ist der Zeit voraus.

Es muß damit zu tun haben, daß die Region als erste und einzige der USA zu einem Selbstverständnis gefunden hat. Neuengland, meinte der Schriftsteller Bernard De Vito in den 30er Jahren, muß nicht mehr wachsen und sich nicht mehr wandeln. Es ist das vollendete Amerika. Noch immer baut man Holzhäuser, und zwar bevorzugt im Stil der vergangenen Jahrhunderte. Noch immer pflegt man einen toleranten Stil in politischen Diskussionen und kümmert sich mit viel Energie um den Erhalt und Ausbau von Museen, Konzerthäusern und Theatern. Als das Hinterland und die traditionelle Erholungslandschaft reicher Städter aus Boston oder New York (das nicht zu Neuengland gerechnet wird) hat diese Region, von einigen kleinen Auswüchsen in Form von Shoppingmeilen und Motelalleen abgesehen, nie ihren ursprünglichen Charakter eingebüßt. Das Geld der Ausflügler und Landhausbesitzer und ihr Interesse an einer intakten kleinen Welt hat vielerorts in den letzten Jahrzehnten Neuengland wirtschaftlich auf gesunde Art neu belebt.

Die Städte, die sich entlang der Küste von Greenwich in Connecticut bis Bangor in Maine ziehen, besitzen eine reiche Vergangenheit. Überseehandel und Walfang haben hier frühen Wohlstand finanziert. Heute pflegt man am Atlantik mit viel Geschmack alte Piers, Lagerhäuser und Straßen, in die Geschäfte und Restaurants eingezogen sind.

Das Bild allerdings, das sich spontan bei Neuengland aufdrängt, besteht aus den kleinen weißen Dörfern im Landesinnern, die von den ersten Siedlern planvoll angelegt wurden – mit prächtigen Holzkirchen, stattlichen Wohnhäusern, dem *General Store* für die Dinge des täglichen Bedarfs, dem *Town Hall* genannten Rathaus und dem zentralen *Green,* einer parkähnlichen Fläche mit Rasen und Schatten spendenden Bäumen in der Mitte.

Der Charme dieser Ortschaften, die auf eine unbekümmerte Weise weiter altenglische Tradition leben, wird noch gesteigert, wenn Ahorn, Birken, Eichen und Hickory mit ihren bunten Herbstblättern den an die Kriegsbemalung der Indianer erinnernden Indian Summer beginnen.

Die Wälder in Neuengland, die mehr als 70 Prozent der gesamten Fläche bedecken, wurden nicht von Menschenhand gepflanzt, sondern haben sich überall, auch dort, wo Farmer vor hundert Jahren die Weidewirtschaft als unrentabel aufgaben und westwärts zogen, selbst ausgesät. So kommt es zu Beginn des Herbstes zu dieser einmaligen wilden Mischung aus Gelb- und Rottönen.

Die Jahreszeiten verändern das Erscheinungsbild der vielfältigen Landschaft erheblich. Die kahle Wintervegetation wird von einem beinahe dschungeldichten Grün abgelöst, sobald die Temperaturen im Frühling stabil über 20 Grad liegen. Die schwül-warmen Sommer locken die Wasserfreunde in die traditionellen Badeorte am Meer und die Wanderer, Radfahrer und Kanuten ins weniger aufgeheizte Hochland mit Erhebun-

gen von 1000 Metern und mehr. Schon im Herbst wird es an den Stränden und in den Fischerorten kühl und ruhig. Die bunten Blätter bieten aber noch einen letzten Paukenschlag der Natur. Wären nicht die Skipisten und Langlaufloipen – Neuengland würde alsdann in einen langen Winterschlaf verfallen.

Die Winter sind nämlich rauh und lang, weshalb sich die Landwirtschaft, abgesehen von den üppigen Obst- und Gemüsefarmen in Connecticuts wärmeren Gefilden und dem großangelegten Kartoffelanbau im Hinterland von Maine, vor allem auf Milchwirtschaft und Geflügelzucht beschränkt.

Dort, wo 1614 mit der Namensgebung durch einen britischen Kapitän und 1620 mit der Landung der »Mayflower« mit ihren Pilgervätern die Neue Welt als beschwerliches Abenteuer begann, leben heute 13 Millionen Menschen in den sechs Bundesstaaten Connecticut, Maine, Massachusetts, New Hampshire, Rhode Island und Vermont. Zu ihnen gehören jene, die sich als die einzig wahren, angestammten Yankees betrachten. Für sie ist dieses aus dem Niederländischen abgeleitete, weltweit bekannte Etikett kein Schimpfwort, sondern ein Ehrentitel. Yankees halten die traditionellen Werte Neuenglands hoch: Fleiß, Disziplin, Bescheidenheit und die Begabung, aus allem das Beste zu machen. Längst verstehen sich auch Nachkommen katholischer Einwanderer aus Irland, Italien und dem französischsprachigen Teil Kanadas sowie Skandinavier und Juden aus Osteuropa auf diesen Yankeestolz, der in den einzelnen Neuengland-Staaten in unterschiedlichen Nuancen existiert. Zum Beispiel bei den Connecticut Yankees, die sich als Handelskaufleute und Marketender einen Namen gemacht haben. Oder bei den New Hampshire Yankees, deren Ruf, knauserig und verschlossen zu sein, sie nie davon abgehalten hat, Touristen freundlich zu begrüßen. Oder bei den Maine Yankees, denen man nachsagt, daß sie kein Wort zuviel in den Mund nehmen und in ihrer Isolation und Weltenferne kauzig wirken. Oder bei den Massachusetts Yankees, die Bildung und Standesdünkel und politisches Engagement in Ehren halten.

Wer nach Neuengland fährt, mag sich für all das nicht gleich interessieren, besonders nicht, wenn er vor allem Einsamkeit, nördlich rauhes Klima, leere Strände, frischen Lobster und Muscheln und das Farbenfurioso des Herbstlaubs sucht.

Auch die von Amerikanern so gern gepflegten Erinnerungen an die eigene Geschichte werden nicht bei jedem ausländischen Gast gleich verfangen. Aber jeder spürt irgendwann, daß ohne die Menschen, die hier leben, ohne den guten alten Neuengland-Geist, ohne dieses Bewußtsein, daß Holz schöner ist als Plastik, Zurückhaltung wohltuender als Marktschreierei und langfristige Erträge besser als schnelle Profite, die bloße Natur nichts anderes als ein nördliches Disneyland wäre. Nichts läge Neuengland, dem Landstrich, der von seinen Liebhabern gern als die Dachkammer Amerikas bezeichnet wird, ferner.

*Typisch für Neuengland:
Holzarchitektur und Indian Summer*

Die Landschaft wurde von den Eismassen vergangener Jahrtausende geformt. Die Höhenzüge der White und Green Mountains, der Taconics und Monadnocks überragen eine Region, die vom 600 Kilometer langen Connecticut River von Nord nach Süd in zwei ungleiche Teile halbiert und von den wilden Felsen an der Tausende von Kilometern langen Küste spektakulär dekoriert wird.

Die Landschaft macht Neuengland zu einem idealen Reiseziel für denjenigen, der auf einer Rundreise Abwechslungsreichtum und ungestörte Natur sucht. Gleichzeitig erlebt man einen Ausschnitt dieser Welt, von dem aus ein ganzer Kontinent erobert wurde, in seiner ganzen antiquierten Schönheit. Ein Besuch Neuenglands ist mehr als eine Reise in ein anderes Land. Es ist eine Reise in eine andere Zeit, die – zum Glück – noch immer nicht ganz zu Ende ist.

Von Architektur bis Wirtschaft

Neuengland pflegt seinen eigenen – altenglischen – Stil, der Touristen, die stabilste Einnahmequelle, magisch anzieht

Architektur

Endlose Kiefernwälder haben Neuengland stets im Überfluß mit Holz als Baumaterial versorgt. Je nach der Zeit ihres Entstehens sind die Häuser mit ihren schmalen, quergenagelten Fassadenbrettern *(clapboard)* und den kleinen, feingliedrigen, vorhanglosen Fenstern bescheiden und niedrig *(Cape Cod Style* und *Colonial Style)*, die Dächer gerade und steil *(Saltbox)*, kehren mit Säulen, Balkonen und überdachten Terrassen Wohlstand heraus *(Georgian)* oder zeigen ein neogotisches Flair *(Victorian)*.

Die vorherrschende Farbe ist Weiß. Doch ebenso typisch ist der Außenanstrich in stumpfem Blutrot oder Blaugrau. Feingliedrige weiße Staketenzäune ringsherum wurden zu Markenzeichen der Region.

Farmhäuser und Scheunen entstanden vorwiegend mit markanten Krüppelwalmdächern. Viele sind restauriert und zu gemütlichen Wohnhäusern umgestaltet.

Die Eliteuniversität Harvard

Holz ist auch der Stoff für eine baugeschichtliche Besonderheit: überdachte Brücken *(covered bridges)*. Der Grundgedanke dieser aufwendigen Konstruktion ist konsequent: Sie schützt nicht nur die Passanten, sondern auch das Bauwerk vor Regen und Schnee.

Fauna

Neuenglands Tierwelt ist Teil jener Lebenswelt, die sich in einem riesigen Waldgürtel quer über den gesamten nordamerikanischen Kontinent ausbreitet. Darin leben Elche und Schwarzbären, Biber und Stinktiere, Weißwedelhirsche und Waschbären. Im kalten Wasser des Atlantischen Ozeans findet man neben den begehrten Krustentieren wie Hummer vor allem Seehunde sowie verschiedene Delphin- und Walarten. Über Neuengland führt eine Hauptroute der amerikanischen Zugvögel, weshalb man im Frühling und Herbst mehr als 400 Arten zählt, darunter die Kanadagänse, die in V-Formation und mit schrillem Schrei die Landschaft überfliegen.

Eine Besonderheit sind die überdachten Brücken

Flora

Neuenglands berühmteste Pflanzen sind seine Laubbäume, deren Blätter sich im September und Oktober von Nord nach Süd zum *Indian Summer* verfärben – ein Farbspektakel aus Ahorn, Birke, Eiche, Buche und Hickory. Durchmischt wird es von Kiefern und anderen Nadelhölzern. 2000 Blumen, Gräser und Farnarten sind in der Region heimisch. Wild blühen Rhododendron, Hartriegel und Kalmie. Heidelbeeren (in Maine) und Preiselbeeren (in Massachusetts) haben sich gar zu einem Wirtschaftsfaktor entwickelt.

Indianer

Die Ureinwohner Amerikas kamen vor etwa 12 000 Jahren über die Bering-Straße aus Asien ins Land. Da sie keine Schriftsprache und kaum entwickelte Handwerkstechniken besaßen, haben sie außer ihren Landschaftsbezeichnungen nicht viel hinterlassen. Die Zahl der *Algonkin*-Indianer, die vermutlich erst im 15. Jahrhundert nach Neuengland einwanderten, betrug,

---

Herbst in Flammen – Anruf genügt

Damit jeder so schnell wie möglich zu einem bunten Panorama seiner Wahl gelangt, haben die Touristenbüros der einzelnen Staaten Telefonleitungen eingerichtet, bei denen man sich innerhalb der USA kostenlos über den Stand der Laubfärbung erkundigen kann. Die Nummern lauten: 1/800/258-3608 (New Hampshire), 1/800/282-6863 (Connecticut), 1/800/227-6277 (Massachusetts), 1/800/533-9595 (Maine), 1/800/556-2484 (Rhode Island). Gebührenpflichtig ist der Anruf in Vermont: 802/828-3239.

als die ersten Pilgerväter eintrafen, etwa 25 000. Sie zerfielen in wenigstens zehn Stämme. Die wichtigsten: die *Narragansetts* in Rhode Island, die *Pennacocks* in New Hampshire, die *Massachusetts* im gleichnamigen Staat und die *Penobscot* in Maine. Sie lebten nicht nur von der Jagd, sondern auch von der Landwirtschaft (Bohnen, Kürbis, Tabak, Mais). Anfängliche Freundschaft mit den Siedlern wandelte sich in Feindschaft und Tod. Viele Ureinwohner gingen, getauft und angepaßt, im neuen Völkergemisch auf. Heute leben etwa 20 000 Indianer in Neuengland, ein Drittel davon in Reservaten. Der politische Sonderstatus hat zwei Stämmen in Connecticut ermöglicht, einträgliche Glücksspielzentren zu errichten.

Indian Summer
Das einmalige Spektakel der herbstlichen Laubfärbung richtet sich nicht exakt nach dem Kalender. Herbststregen und Stürme wehen mitunter rasch die bunten Blätter von den Bäumen. In der Regel beginnt der *Indian Summer* in den nördlichen Neuengland-Staaten Maine, Vermont und New Hampshire Ende September, in Connecticut, Rhode Island und Massachusetts im Oktober. Die Gebiete, in denen das Naturschauspiel am schönsten ausfällt, sind die Berkshires in West-Massachusetts und Nordwest-Connecticut und die Berglandschaften von New Hampshire (White Mountains) und Vermont (Green Mountains).

Ivy League
Mit rund 250 Colleges und Universitäten bietet Neuengland 13 Prozent der amerikanischen Hochschüler einen Studienplatz. Nicht nur die Eliteunis der *Ivy League,* der Efeuliga, wie die sport- und traditionsbewußten Colleges Harvard, Yale und Dartmouth genannt werden, locken Lernwillige aus allen Teilen der USA an. Manche Kleinstadt lebt zu einem gut Teil von den Bildungseinrichtungen, die, wie in Amerika üblich, in Privatbesitz sind und Schulgeld verlangen. Im Großraum Boston allein schätzt man die Einnahmen in diesem Bereich auf etwa 2 Milliarden Dollar pro Jahr.

National Park
Nur einer der 54 National Parks Amerikas befindet sich in Neuengland: *Acadia* in Maine. Doch er ist, mit über 3 Millionen Besuchern im Jahr, einer der populärsten. In Amerikas Naturschutzgebieten leben (und überleben) seltene Tiere und Pflanzen weitgehend unbeeinträchtigt von Menschenhand. Ein großes Heer von Förstern, *Rangers* genannt, widmet sich der Pflege von Flora und Fauna.

Je stärker sich der vor 100 Jahren entstandene Naturschutzgedanke durchsetzte, desto mehr Gebiete wurden als hegenswertes Waldareal *(National Forest),* als wertvoller Küstenabschnitt *(National Seashore)* oder als Erholungszone *(National Recreation Area)* der privaten Nutzung entzogen. Zahlreiche Bundesstaaten schufen in eigener Regie *State Parks* mit ähnlichen Restriktionen.

Politik und Gesetze
Die föderative Ordnung der USA garantiert den 50 Bundes-

Das Zentrum der Christian-Science-Gesellschaft in Boston

staaten große Gestaltungsspielräume, besonders im Erziehungswesen und im Strafrecht. Einige Neuengland-Staaten gehören zu den wenigen, die keine Todesstrafe haben (New Hampshire), andere gestehen Frauen ausdrücklich das Recht auf Abtreibung zu (Connecticut). Viele praktizieren auf lokaler Ebene Bürgermitbestimmung durch Versammlungen *(town meetings),* in denen über den städtischen Haushalt entschieden wird. Für Neuengland normal ist Mißtrauen gegenüber jedweder Regierung. Ergebnis: Der einzige unabhängige Kongreßabgeordnete im Zwei-Parteien-Land USA kommt aus Vermont, und in Maine regiert ein parteiunabhängiger Gouverneur.

Puritanismus

Da die Puritaner in England unterdrückt wurden, zog die Aussicht auf unbesiedeltes Land viele von ihnen nach Amerika, wo sie ihre eigene dogmatische Wertewelt aus Gottesfurcht und bußfertiger Moral aufbauen konnten. Weltliches und geistliches Leben bildeten eine Einheit, Bildungseifer und ein gottgefälliges Streben nach Reichtum gehörten zu den Grundprinzipien.

Sosehr auch die eigene Glaubensfreiheit für die Puritaner von Bedeutung war – ihre Intoleranz gegenüber Andersgläubigen, Quäkern, Katholiken oder Juden, war anfänglich radikal. Sie reichte bis zu Verfolgung, Vertreibung und Vernichtung. Die Grundwerte puritanischer Lebensweise haben sich lange gehalten, besonders innerhalb der Oberschicht aus alteingesessenen Familien. Man nennt sie auch *WASPs: White Anglo-Saxon Protestants.*

Prägend waren daneben auch andere streng religiös ausgerichtete Gruppen wie die *Christian-Science-Gesellschaft,* die sich in Boston verbreitete, oder die Quäkersekte der *Shaker,* die in ihren Dörfern Arbeit zum Gottesdienst erhob. Die wachsende Zahl katholischer Einwanderer

Die Kirche bestimmt noch immer vielerorts das Leben in Neuengland

aus Irland, Italien und Portugal hat das protestantische Regiment nie ganz durchbrochen, auch wenn inzwischen mehr als die Hälfte der Einwohner Neuenglands offiziell dem päpstlichen Glauben huldigt.

Wirtschaft

Holzverarbeitung, Landwirtschaft, Fischfang und verarbeitende Industrie sind neben dem Tourismus die Haupterwerbszweige in Neuengland, das von der letzten großen Rezession 1991 stark getroffen wurde. Hauptgrund: Die Industrie lebte viele Jahre von großen Rüstungsaufträgen – ein rückläufiger Posten. Gleichzeitig hatten sich Großbanken und die hier ansässigen bedeutenden Versicherungsunternehmen im jahrelang boomenden Immobilienmarkt verspekuliert. Obendrein mußten die Finanzchefs der Bundesstaaten wegen rückgängiger Steuereinnahmen viele Ausgaben kürzen. Die Flaute ist überwunden. Daß konjunkturelle Probleme in Neuengland nicht zu groß werden, liegt an der wetterfesten Einnahmequelle namens Tourismus. Stabil ist auch die Landwirtschaft dank Preiselbeeren (Massachusetts), Kartoffeln und Heidelbeeren (Maine), Milch und Käse (Vermont).

Die Marco Polo Bitte

Marco Polo war der erste Weltreisende. Er reiste in friedlicher Absicht, verband Ost und West. Er wollte die Welt entdecken, fremde Kulturen kennenlernen, nicht zerstören. Könnte er heute für uns Reisende nicht Vorbild sein? Aufgeschlossen und friedlich sollte unsere Haltung auf Reisen sein. Dazu gehören auch Respekt vor Mensch und Tier und die Bewahrung der Umwelt.

15

SEAHORSE FISHO[

967-1950
1989

LOBSTE

Lobster über Lobster

Neuenglands Hummer sind berühmt. Lobster kommt denn auch in allen Variationen auf den Tisch

Neuenglands Sinn fürs Althergebrachte hat verhindert, daß Fast-food-Filialen außerhalb der größeren Städte Fuß gefaßt haben. Statt dessen bezieht die Region ihre Mahlzeiten aus dem, was direkt vor der Haustür gefischt, gejagt oder geerntet und frisch zubereitet wird. Besonders reizvoll sind die kulinarischen Offerten in den Orten nahe am Meer: *lobster* (Hummer), Muscheln, Fischfilets (z. B. *cod* = Kabeljau) in allen möglichen Variationen. Die Preise für Hummer sind im Vergleich zu Europa erstaunlich niedrig, und zwar vor allem entlang der Küste. Dort gibt es *lobster pounds,* in denen die Krustentiere in Tanks gehalten werden, bis sie ihr Leben im heißen Dampf der Küche verlieren. Man wählt sein Exemplar nach Größe aus, bestellt dazu *fries* (Pommes frites) und Bier und ißt an Holztischen im Freien mit Blick aufs Meer.

Zu Neuenglands Spezialitäten gehören auch Desserts, darunter Obstpasteten *(pies).* Ebenso charakteristisch: Cheddar-Käse aus Vermont, der nach alten englischen Rezepten zubereitet

An Hummer werden Sie auf Ihrer Reise nicht vorbeikommen

wird, und junger Ziegenkäse *(goat cheese).*

Einige traditionelle Neuengland-Produkte dienen dem Würzen und Verfeinern. Besonders populär: der natursüße Ahornsirup, der gewonnen wird, wenn im Frühling die Bäume angezapft werden.

Zum Frühstück im Coffee-Shop gehört Kaffee, wenn auch der dünneren Art. Dazu ißt man Eier *(scrambled* = Rührei, *sunny side up* = Spiegelei, *over-easy* = überbackenes Spiegelei, *poached* = gekochtes Ei) sowie Schinken *(ham)* oder Speck *(bacon),* Bratkartoffeln *(home fries)* und Toast.

Anders als im Coffee-Shop gibt es in normalen Restaurants keine freie Platzwahl. Man bekommt vom *maitre d'* den Tisch zugeteilt.

Gewöhnlich gibt es eine Mittagskarte, das *lunch menu,* mit Sandwiches und Suppen, deren Preise wesentlich unter denen des *dinner menu* liegen.

Die Bedienung bekommt ein Trinkgeld *(tip),* das mehr ist als bloße Anerkennung – es ist ihr Lohn. Der Betrag (Minimum: 15 Prozent) kommt zu den in der Speisekarte ausgedruckten Preisen ebenso dazu wie die Umsatzsteuer *(sales tax)* von – je nach Staat – 5 bis 8,25 Prozent.

Folklore, Trödel, Outlet-Shopping

*Typisch Neuengland: Praktisches und Altes bergen
für Souvenirjäger den größten Reiz*

Die Sparsamkeit der Neuengland-Yankees ist sprichwörtlich. Gepaart mit Traditionsbewußtsein ergibt sich daraus eine Spezialität, auf die man im Sommer überall am Straßenrand stößt: *Tag Sales,* mitunter *Yard Sales* genannt. Dabei handelt es sich um privat organisierte Kleinstflohmärkte, bei denen interessanter Trödel und manchmal sogar wertvolle Antiquitäten zum Vorschein kommen. Die Jagd nach kleinen antiken Trophäen ist eine der beliebtesten Freizeitbeschäftigungen amerikanischer Wochenendurlauber. Sie stoßen in den abgelegeneren Gebieten Neuenglands auf so manche Aussteiger aus dem hektischen Leben, die Kunst und Kunsthandwerk produzieren, Töpfereien betreiben, Decken weben oder Möbel schreinern. Man findet sie in ihren Werkstätten oder bei den zahlreichen *Arts and Crafts Fairs.* Ein ebenso typisches Einkaufserlebnis bieten soge-

nannte *Outlet Stores,* Firmenniederlassungen von Bekleidungs- und Schuhherstellern. *Outlet Stores* mit ihrer Schnäppchenware haben Orte wie North Conway (New Hampshire), Manchester (Vermont) oder Freeport und Kittery (Maine) geprägt.

Das Shopping-Erlebnis ist nicht komplett ohne einen Besuch in einem *General Store,* einem jener Tante-Emma-Läden, in denen man (fast) alles für den täglichen Bedarf findet.

Kleidergrößen: Bei der Damenkonfektion entspricht US-Größe 4 der deutschen 34, 6 = 36, 8 = 38, 10 = 40, 12 = 42, 14 = 44. Bei den Herren ist US-Größe 36 = 46, 38 = 48, 40 = 50, 42 = 52, 44 = 54 usw.

Auf die Preise wird, außer in New Hampshire, eine Umsatzsteuer *(sales. tax)* aufgeschlagen. Sie beträgt in Connecticut 6 %, in Maine 5,5 %, in Massachusetts 5 %, in New York (Long Island) 8,25 %, in Rhode Island 7 % und in Vermont 5 %.

Die meisten Geschäfte haben von 10 bis 18 Uhr geöffnet, auch samstags. In *Outlet Stores* kann man auch sonntags einkaufen.

*Kleine Läden bieten Spezielles.
Berühmt ist Neuenglands Angebot
für Angler und Jäger*

Stolz auf Geschichte und Tradition

Neuengland feiert Washingtons Geburtstag ebenso aufwendig wie den Ruderwettbewerb der Eliteschulen

FEIERTAGE

An folgenden Tagen sind Behörden, Postämter, Schulen und Büros geschlossen:

1. Januar *New Year's Day*

Letzter Montag im Mai *Memorial Day* (man gedenkt der Toten und der Kriegsopfer)

4. Juli *Independence Day* (Nationalfeiertag)

Erster Montag im September *Labor Day* (Tag der Arbeit)

Vierter Donnerstag im November *Thanksgiving* (Erntedank)

25. Dezember *Christmas Day* (einziger Weihnachtsfeiertag)

An folgenden Tagen sind die Behörden geschlossen, die meisten Büros aber geöffnet, und viele Geschäfte in größeren Städten veranstalten besondere Verkaufsaktionen:

Dritter Montag im Januar *Martin Luther King's Birthday*

Dritter Montag im Februar *Presidents' Day*

Bei allen Festivals im traditionsbewußten Neuengland beliebt sind Paraden im alten Stil – historische Uniformen sind Pflicht

Zweiter Montag im Oktober *Columbus Day* (zur Erinnerung an die Entdeckung Amerikas)

Erster Dienstag im November *Election Day* (Wahltag)

11. November *Veterans' Day*

VERANSTALTUNGEN

Januar

Stowe (VT): Winterkarneval und *Schlittenhunderennen*

Februar

Old Sturbridge (MA): Washington's Birthday Celebration. Historienspiel um den ersten Präsidenten

März

Ganz Vermont: Maple Sugar Events. Besuch bei Ahornsiruperzeugern

April

Boston (MA): Boston Marathon

Concord (NH): Parade zum Patriot's Day, dem Jahrestag der ersten Schlacht im Unabhängigkeitskrieg gegen die Briten

Mai

Boston: Hidden Gardens of Beacon Hill. Führungen durch die schönsten Stadtgärten

Salem (MA): Salem Seaport Festival. Entertainment, Kunst und dazu Kostproben aus örtlichen Restaurants

Brimfield (CT): Mehr als 400 Händler treffen sich Mitte Mai (auch Anfang Juli sowie Mitte Sept.) zum Antiquitätenverkauf unter freiem Himmel.

Juni

Farmington (CT): Farmington Antiques Weekend. Großer Antiquitäten- und Trödelmarkt

Yale-Harvard Regatta, Ruderwettbewerb der beiden Eliteschulen in New London

Portsmouth (NH): Jazz Festival unter freiem Himmel an der Ceres Street im Hafen

Bar Harbor (ME): Bar Harbor Days. Sommer-Amüsement, bei dem u. a. die Hummer zum Rennen antreten und die Fangboote geweiht werden

★ *Boston: Harborfest.* In der Woche vor dem Unabhängigkeitstag (4. Juli) finden mehr als 200 Veranstaltungen im Hafen statt.

Juli

Fourth of July: Am *Unabhängigkeitstag* gibt es überall Paraden, Picknicks und Festivitäten, oft mit Feuerwerk und Musik

Hancock (MA): Shaker Crafts Festival. Demonstration alter Handwerkstechniken

Lenox (MA): Tanglewood Music Festival. Freiluft-Klassikkonzerte unter der Schirmherrschaft der Bostoner Symphoniker

Rockland (ME): Schooner Days. Drei Tage dreht sich alles rund ums Wasser und den Sport

Newport (RI): Newport Tennis Week. Auf den Rasenplätzen der Tennis Hall of Fame findet u. a. das *Miller Lite Tournament* statt

★ *Boothbay Harbor (ME): Windjammer Days.* Parade der großen und kleinen Segelboote

★ *Newport (RI): Music Festival.* Zwei Wochen Konzerte

August

Newbury (NH): League of New Hampshire Craftsmen's Fair. Hand- und Kunsthandwerker aus der Gegend des Mount Sunapee State Park stellen ihre Erzeugnisse vor

★ *Rockland (ME): Maine Lobster Festival.* Drei Tage Hummer satt

Newport (RI): Jazz Festival im Fort Adams State Park

Gloucester (MA): Waterfront Festival. Kunst und Kunsthandwerk im historischen Atlantikhafen

Hancock Shaker Village (MA): Antiques Show. In der giganti-

Ein frisches Kühles vom Faß

Das *Great New England Brewers Festival* im Northampton (MA) im Juni, das *Vermont Brewers Festival* in Burlington (VT) im Juli oder das *Grand Old Portsmouth Fall Brewer's Festival* (NH) Ende September haben eins gemeinsam: Sie feiern die Produkte kleiner Brauereien, in den USA Microbrews genannt, die frischen Gerstensaft nach deutschen oder englischen Rezepten herstellen. Wer die Termine versäumt, kann Sorten wie Ale, Stout oder Lager ebenso in Supermärkten oder in guten Restaurants finden: Zu den Spitzenmarken gehören Hammer & Nail (CT), Otter Cree (CT) und The Shipyard (ME).

MARCO POLO TIPS FÜR FESTE

1 Boothbay Harbor: Windjammer Days
Parade der großen Schiffe (Seite 22)

2 Boston: Harborfest
Über 200 Veranstaltungen im Hafen und um ihn herum (Seite 22)

3 New Haven: Fall Antiques Show
Eine der größten Antiqui-

tätenmessen des Landes. Treffpunkt für Sammler (Seite 23)

4 Newport Music Festival
Konzerte an historischen Stätten (Seite 22)

5 Rockland: Maine Lobster Festival
Der Nimmersatt-Spaß schlechthin: dreitägiges Hummerfreßfest (Seite 22)

---

schen runden Scheune der Shaker-Sekte sind Antiquitäten aus Neuengland zu sehen.

Sugarbush (VT): Folk Festival

Bridgehampton (Long Island): Hampton Classic Horse Show. Reitturnier und Wohltätigkeitsveranstaltung mit vielen Prominenten

East Hampton (Long Island): Artists and Writers. Berühmte Künstler und Schriftsteller im traditionellen Softball-Wettstreit

September

Newport (RI): Annual Classic Regatta. Über 100 Boote, die zwischen dem Ende des 19. Jhs. und 1995 entstanden, segeln in der Narrangansett Bay um die Wette

Goshen (CT): Beim *Goshen Fair* zeigen die Bauern ihre preisgekrönten Erzeugnisse und wetteifern bei altmodischen Vergnügen wie Holzhacken.

Cambridge (MA): Cambridge River Festival. Folk und Jazz, Jongleure und Zauberer am Ufer des Charles River

★ *New Haven (CT): Fall Antiques Show,* auf jeden Fall eine Pflichtübung für den Antiquitätenfan in Neuengland

Harwich (MA): Harwich Cranberry Festival. Fest zur Preiselbeerernte mit Parade und Feuerwerk

Brattleboro (VT): Brattleboro Arts Festival. Kurz vor dem Höhepunkt der Laubfärbung u. a. Fahrten auf dem Connecticut River

Oktober

South Carver (MA): Harvest Festival zur Cranberry-Ernte mit Touren in die Felder

East Hampton (Long Island): Hamptons International Film Festival. Cineastentreffen von Rang

Northeast Kingdom (VT): Foliage Festivals aus Anlaß der Laubfärbung in Nordost-Vermont

November

Plymouth (MA): ein öffentliches *Thanksgiving Day Dinner* zur Erinnerung an das erste Erntedankfest der Pilgerväter

Dezember

Boston (MA): Wiederaufführung der Boston Tea Party von 1773

Boston (MA): Die *First Night* (Silvesterfeier ohne alkoholische Getränke) verwandelt die Stadt in ein gigantisches Straßenfest.

Wasser, Wind und wilde Wälder

In Connecticut und Rhode Island finden Reisende einen prägenden Kontrast: gemütliche Zeitvergessenheit und wohlhabende Menschen

Der Staat mit dem höchsten Pro-Kopf-Einkommen in den USA, der größten Ansammlung an Millionären und einem Ruf für Geschäftstüchtigkeit und Erfindergeist hat die typische Doppelgesichtigkeit eines Grenzlandes: Connecticut. Für Tausende von Pendlern, die in der nahen Metropole New York arbeiten, bietet er bereits die stilvolle Seelenruhe des grünen Neuenglands. Für besorgte Yankeetraditionalisten schwebt Connecticut mit seinen 3,2 Millionen Ein-

Auf dem Connecticut River

Hotel- und Restaurantpreise

Hotels

Kategorie 1: Inns und Hotels über $ 150
Kategorie 2: Inns und Hotels von $ 100 bis $ 150
Kategorie 3: Inns und gehobene Motels unter $ 100
Die Preise gelten für zwei Personen im DZ. Zimmer in einfachen Motels kosten meist um $ 75. Die Gratis-Reservierungsnummern einiger Motelketten:
Best Western 1/800/528-1234
Choice Hotels (u. a. Comfort und Quality Inn) 1/800/221-2222
Days Inn 1/800/325-2525

Hampton Inn 1/800/426-7866
Ramada Inn 1/800/272-6232
Die Empfehlungen gelten in erster Linie klassischen Neuengland-Inns: stilvollen, aber auch hellhörigen alten Häusern, oft voller Antiquitäten. Deren (angegebene) Preise sind zwischen Anfang Juni und Ende Sept. deutlich höher als sonst.

Restaurants

Kategorie 1: über $ 50
Kategorie 2: von $ 25 bis $ 50
Kategorie 3: unter $ 25
Die Preise gelten für ein Dinner mit Vor-, Haupt- und Nachspeise.

Wichtige Abkürzungen

Av.	Avenue	**Rd.**	Road
Bd.	Boulevard	**St.**	Street oder Saint

wohnern in der Gefahr, seinen angestammten Charakter in einem dichten Gestrüpp aus Straßen und Einkaufsvierteln zu verlieren. Die Straßen allerdings sorgen dafür, daß viele der gepflegten alten Dörfer und Kleinstädte bequem zu erreichen sind und jedem aus New York anreisenden Besucher einen ersten, prägenden Eindruck von Neuenglands gemütlicher Zeitvergessenheit gewähren. Eine Stimmung, die man in den Litchfield Hills im Nordwesten oder im Tal des Connecticut River, in den Fischerorten am Long Island Sound und den Feuchtgebieten im Osten des Staates findet.

Neuenglands großer Strom, der *Connecticut River,* der im Nordostzipfel von New Hampshire entspringt, der nach 600 km in den Atlantik mündet und den die Mohegan-Indianer *Quinnehtukqut,* den »Platz mit dem langen, den Gezeiten gehorchenden Fluß«, nannten, zog schon früh in der Kolonialgeschichte britische Siedler an. Strenge Puritaner, denen das Leben in Boston zu liberal war, gründeten in den dreißiger Jahren des 16. Jhs. an seinen Ufern rasch nacheinander Hartford, Windsor und Wethersfield. Als eigenständige Kolonie legten sie sich alsbald eine Verfassung zu, auf die man sich in Connecticut noch heute für jeden sichtbar besinnt – in Form des Nummernschild-Aufdrucks *Constitution State.*

Von Uhren und Türschlössern über Fahrräder und Pistolen bis zu Jet-Triebwerken und Atom-U-Booten hat Connecticut fast alles geliefert, was Amerika antrieb und in Bewegung hielt. Eine ungewöhnliche Bilanz für den drittkleinsten Staat der USA, der mit seinen 12 000 Quadratkilometern etwa der Größe Schleswig-Holsteins entspricht.

Die kleinste selbständige politische Einheit der Vereinigten Staaten liegt gleich nebenan:

Rhode Island. Der Ursprung des Namens ist ungeklärt. Einige sprechen dem holländischen Seefahrer Adrian Block und seiner Beschreibung einer »roten Insel« die Autorenschaft zu. Andere halten das griechische Rhodos für den Taufpaten.

Unbestritten ist jedoch, daß Rhode Island als eine Insel der Toleranz gegründet wurde – Fluchtpunkt für Quäker, Juden und Baptisten, die im frühen Neuengland vom puritanischen Religionsdiktat verfolgt wurden. Die allermeisten verlegten ihr Geschick auf den Seehandel (Schwerpunkte: Rum und Sklaven). Später wurde der mit 1 Million Menschen am dichtesten besiedelte Staat der USA (320 Einwohner pro qkm) Zentrum für die aufkommende Textilindustrie. Heute locken Orte wie Charlestown (East Beach), Matunuck, Narragansett, Little Compton (Goosewing Beach) und vor allem Newport wegen ihrer sauberen Strände, ihrer attraktiven Segelreviere und reichen Fischgründe. Wasser ist im *Ocean State* das Lebenselixier Nummer eins geblieben.

BLOCK ISLAND

(117/D 5) ★ Das Angenehme an dem kleinen, nach seinem holländischen Entdecker Adrian Block benannten Eiland mit seinen hügeligen Wiesen und Steinwällen ist, daß sich der Tourismus in Grenzen hält. Die 10 km lange Insel erreicht man per Fähre von New London in Connecticut, Montauk Point auf Long Island sowie von Newport, Providence und Judith Point in Rhode Island. In Old Harbor fin-

det man Hotels aus viktorianischer Zeit, Geschäfte und Restaurants. New Harbor bietet Ankerplätze für Yachten und Fischerboote. Der schönste Strand: Crescent Beach.

Bei Sonnenaufgang besonders schön: der ☀ Blick von Mohegan Bluffs an der Südspitze der Insel, auch »The Block« genannt. Bester Platz zum *people watching:* die Terrasse des Harborside Inn.

BESICHTIGUNG

Block Island Historical Society
Blick auf die Inselgeschichte. *Old Town Rd., Juni–Sept. tgl. 10–16 Uhr, Tel. 401/466-24 81*

HOTELS

Atlantic Inn
Viktorianisches Haus mit Restaurant. Etliche der 21 Zimmer mit ☀ Blick über den Hafen. *High St., Block Island, Tel. 401/466-58 83, Fax 466-56 78, Kategorie 1–2*

The Hotel Manisses/The 1661 Inn
Das Hotel von anno 1870 ist die architektonische Grande Dame der Insel. Räume mit Blick über den Hafen. *Erstklassiges Restaurant: das Manisses. Hotel: 17 Zi., Inn: 21 Zi., Spring St., Block Island, Tel. 401/466-20 63, Fax 466-31 62, Kategorie 1–2*

SPIEL UND SPORT

Fahrräder
Old Harbor Bike Shop, am Fährhafen, Tel. 401/466-20 29

Wandern
Die Insel ist von Wander- und Fahrradwegen *(trails)* durchzo-

gen. Besonders schön: der ☼ *Clayhead Nature Trail an den Kliffen auf der Ostseite der Insel entlang*

**Block Island
Chamber of Commerce**
1 Water St., Mo–Fr 9–16, im Sommer auch Fr, Sa 9–17 und So 11–14 Uhr, Tel. 401/466-29 82

CORNWALL

(116/B 4) Der *Housatonic River,* der zweitgrößte Fluß Connecticuts, sowie der *Mohawk Mountain* prägen den Charakter der Landschaft an den südlichen Ausläufern der waldreichen *Berkshires.* Der Fluß lockt mit seinen Stromschnellen Wildwasserkanuten und Angler auf der Jagd nach Forellen. Über die Hügel ziehen sich Wanderwege, darunter der *Appalachian Trail,* der von Arkansas bis nach Maine führt. Zu Cornwalls Attraktionen gehören eine überdachte Holzbrücke aus dem Jahr 1864 in West Cornwall und die Skipisten am Mohawk Mountain (500 Meter über dem Meeresspiegel).

Die Hauptstraße des kleinen West Cornwall (Route 128) strahlt den Charme gemütlicher Neuengland-Aktivität aus. Dazu gehören ein rustikaler *Coffee-Shop* (The Station House Cafe), ein Geschäft mit *Töpferwaren* (Cornwall Bridge Pottery), ein Laden für antiquarische Bücher (Barbara Farnsworth Bookseller), kunstvolle Möbel im Shaker-Stil aus der Werkstatt von Ian Ingersoll (im ehemaligen Brükkenzollhaus, *Tel. 860/672-63 34),* ein Laden mit *Bedarf für Fliegenfischer,* der auch die Lizenzen für die Forellenangler vergibt, und die Antiquitäten von Michael Trapp *(River Rd.).*

Zeitvergessene Gemütlichkeit in kleinen Fischerhäfen

CONNECTICUT UND RHODE ISLAND

HOTEL

Hilltop Haven B & B

Spektakulärer Blick über die Berkshire Mountains. *2 Zi., 175 Dibble Hill Rd., West Cornwall, Tel. und Fax 860/672-68 71, Kategorie 1–2*

SPIEL UND SPORT

Kanus

Clarke Outdoors, West Cornwall (Route 7, Tel. 860/672-63 65), vermietet Boote für den Wildwasserausflug auf dem Housatonic und organisiert den Transport.

ESSEX UND DAS TAL DES CONNECTICUT RIVER

(116/C 5–4) Von der alten Hafenstadt Essex aus besichtigt man das *Lower Connecticut Valley,* das Eiszeitgletscher formten. Die Städtchen stammen aus dem frühen 18. Jh., als der Handel auf dem Fluß seine Hochzeit erlebte. Als zweiter Wirtschaftszweig neben der Landwirtschaft entwickelte sich der Schiffbau: Mehr als 50 Werften säumten einst den Fluß, auf denen auch die Kriegsschiffe für den Sezessionskrieg gegen die Südstaaten gebaut wurden. Deep River hat viele Antiquitätenhändler.

BESICHTIGUNG

Valley Railroad

Der Eisenbahnfahrt durch das Tal des Connecticut River folgt ein Ausflug mit dem Flußdampfer von Deep River aus. *Exit 3 der Route 9 oder Exit 69 der I-95, Essex,*

Mai–Okt. 12, 13.30 und 15 Uhr, $ 10 (mit Dampferfahrt $ 16), Tel. 860/767-01 03

HOTEL

Riverwind

Altes Farmhaus. *8 Zi., 209 Main St., Deep River, Tel. 860/526-2014, Fax 526-08 75, Kategorie 1–3*

AUSKUNFT

Connecticut River Valley & Shoreline Visitors Council
393 Main St., Middletown, Mo–Fr 9–16.30 Uhr, Tel. 860/347-00 28

ZIELE IN DER UMGEBUNG

Gilette Castle State Park **(116/C 4)**
Nördlich von Deep River liegt der *Gilette Castle State Park* in Hadlyme *(67 River Rd., Tel. 860/ 526-23 36)* mit dem 24-Zimmer-Granitschloß (1919) des Schauspielers William Gilette, das deutschen Ritterburgen nachempfunden wurde.

Goodspeed Opera House **(116/C 4)**
Wenige Kilometer flußaufwärts steht das *Goodspeed Opera House* (1876), in dem heute noch Theater gespielt wird. Das imposante Gebäude mit dem Fluß im Vordergrund ist ein beliebtes Fotomotiv. *Route 82, East Haddam*

HARTFORD

(116/C 4) Die 138 000 Ew. zählende Hauptstadt von Connecticut, in Amerika bekannt als Zentrum des Versicherungsgewerbes, im 19. Jh. Domizil der Schriftsteller Mark Twain und Harriet Beecher Stowe, zeigt heute an vielen Stellen unverhohlen typische

Hochhäuser in Hartford

Stowe, Autorin des Klassikers über die Situation der Sklaven in Amerika: »Onkel Toms Hütte«. Beide Gebäude illustrieren mit Möbeln und Erinnerungsstücken Lebensstil und Stimmung des 19. Jhs. *351 Farmington Av. (Exit 46 der I-84), Mo, Mi bis Sa 9.30–17, So 12–17 Uhr, Eintritt für Twain $ 9, Tel. 860/493-64 11, für Beecher Stowe $ 6,50, Tel. 860/ 525-93 17*

Wadsworth Atheneum
Das älteste öffentliche Kunstmuseum der USA mit Werken von Winslow Homer bis Andy Warhol. Ausgezeichnetes Restaurant im Museumsgebäude. *600 Main St., Di–So 11–17 Uhr, Eintritt $ 7, Tel. 860/278-26 70*

ZIEL IN DER UMGEBUNG

Old Wethersfield   (116/C 4)
In Old Wethersfield südöstlich von Hartford an der Route 99 bilden drei gut erhaltene alte Wohnhäuser ein Museum: Eines der Häuser, das *Joseph Webb House* (1752), diente dem ersten US-Präsidenten George Washington als Konferenzort. *Webb-Dean-Stevens-Museum, 211 Main St., Tel. 860/529-06 12 (Eintritt $ 8).* Sehenswert ist auch das *Buttolph-Williams House (249 Broad St., Tel. 860/529-04 60)* aus dem Jahr 1692, seine Küche ist eine der besterhaltenen der Epoche.

amerikanische Großstadtprobleme: Wohlstand und Zerfall liegen gefährlich nah beieinander. Wolkenkratzer markieren weit sichtbar die Skyline im Tal des Connecticut River. Wer genauer hinsieht, erkennt, daß die Umstrukturierung vom Industriestandort (etwa des Waffenherstellers Colt) zum Dienstleistungszentrum noch nicht beendet ist. Eine attraktive Hinterlassenschaft der Stadtväter sind die Parks. Hartfords Grünanteil ist größer als der jeder anderen amerikanischen Stadt.

BESICHTIGUNGEN

Mark Twain House (Nook Farm)
In der viktorianischen Villa schrieb der Erfolgsschriftsteller *Mark Twain* über Tom Sawyer und Huckleberry Finn. Im Nachbarhaus residierte *Harriet Beecher*

LAKEVILLE UND SALISBURY

(116/B 4) Im Farmland inmitten der sanften Hügel des Nordwestens von Connecticut liegt die wohlhabende Doppelortschaft, deren mit weißen Herrenhäusern und gepflegten Gärten gesäumte Durchgangsstraße ein typisches Bild von Neuengland bietet. Daß der Wohlstand einst mit der Eisengewinnung und -verhüttung begann, ahnt man heute nicht mehr. Der Wandel ist scheinbar unsichtbar vonstatten gegangen. Heute bestimmen reiche Zweithausbesitzer aus New York, Künstler und Schriftsteller sowie angesehene Privatschulen das gediegene Leben.

Zum Stop-over an der Route 41 laden der Coffee-Shop *Mount Riga* in Lakeville und der Tea-Room *Chaiwalla* in Salisbury ein.

RESTAURANT

The Boat House
Austern und Hamburger, aber auch typische Neuengland-Gerichte. *349 Main St. (Routes 41 und 44), Lakeville, Tel. 860/435-21 11, Kategorie 2*

Charlotte
In einem alten Haus ißt man Innovatives, umgeben von Antiquitäten, die zu kaufen sind. *223 Main St., Lakeville, Tel. 860/435-35 51, Kategorie 2*

HOTEL

Under Mountain Inn
Das weiß gestrichene Farmhaus steckt voller Antiquitäten. Halbpension ist im Preis inbegriffen. *7 Zi., 482 Under Mountain Rd. (Route 41), Salisbury, Tel. 860/435-02 42, Fax 435-23 79, Kategorie 1*

LITCHFIELD

(116/B 4) ★ Litchfield ist das perfekte Beispiel für eine lebendige Neuengland-Kleinstadt, in der direkt nach den ersten Blütejahren im 19. Jh. das Interesse an der Bewahrung und Erhaltung der stattlichen weißen Villen aufkam. Viele Häuser entlang der

Hartfords Capitol: Sitz von Gouverneur und Parlament Connecticuts

North und der South Main Street stammen aus dem 18. Jh. Im *Tapping Reeve House (82 South St.)* war die Litchfield Law School angesiedelt, die zahlreiche später hochrangige Politiker besuchten. Der *Green* wurde vor 100 Jahren von Gartenarchitekten gestaltet. Die Geschichte illustriert das *Litchfield Historical Society Museum, (South St./East St., Di–Sa 11–17, So 13–17 Uhr, Tel. 860/567-45 01).* Besonders reizvoll wirkt der 7000-Einwohner-Ort mit der *Congregational Church* (1829), wenn sich im Herbst das Laub der Bäume bunt färbt.

RESTAURANT

West Street Grill
Ein Bistro mit regionaler Küche zwischen hübschen Geschäften und Galerien. *43 West St., Tel. 860/567-38 85, Kategorie 2*

HOTEL

Tollgate Hill Inn and Restaurant
Taverne aus dem Jahr 1745 an der alten Pferdekutschenroute nach Albany, heute gemütliches Inn mit Restaurant. *20 Zi., Tollgate Rd./Route 202, Litchfield, Tel. 860/567-45 45, Fax 567-83 97, Kategorie 1–2 (Hotel) und 2 (Restaurant)*

SPIEL UND SPORT

Schwimmen
⊙ Im See des *Mount Tom State Park (Route 202 südwestlich)*

AUSKUNFT

Litchfield Hills Travel Council
Informationsstand am *Village Green, Juni–Okt. tgl. 10–17 Uhr*

ZIEL IN DER UMGEBUNG

Lake Waramaug (116/B 4)
Connecticuts zweitgrößter natürlicher See ist in der Indianersprache »ein guter Platz zum Fischen«. Um den See haben sich eine Reihe von *Inns* etabliert. Sie bieten einen schönen 🌊 Blick aufs von dichten Wäldern umsäumte Wasser und probierenswerte Küche. Darunter: *Boulder's Inn (East Shore Rd., New Preston, Tel. 860/868-05 41, Kategorie 1), Hopkins Inn (22 Hopkins Rd., New Preston, Tel. 860/868-72 95, Kategorie 2)* mit Rezepten aus der Schweiz und das *Lakeview Inn (107 North Shore Rd., Tel. 860/868-10 00, Kategorie 1)* mit hervorragenden Hummer- und Lammgerichten. In der Nähe residiert die *Hopkins Vinery,* die respektable Weißweine anbaut.

Die Attraktion von New Preston: Antiquitätenläden. Viele liegen an der Route 45 zwischen Lake Waramaug und Route 202.

MYSTIC

(117/D 4–5) Als Fischerdorf 1649 gegründet, wurde Mystic ab der ersten Hälfte des 19. Jhs. zu einem Zentrum des Schiffsbaus. *Route 27* führt nach Old Mystic mit alten Gebäuden und einer Main Street voller Shops mit Handwerks- und Geschenkartikeln.

BESICHTIGUNGEN

Mystic Marinelife Aquarium
Unterwasserzoo mit etwa 6000 verschiedenen Tieren, darunter Wale, Delphine und Seelöwen. *55 Coogan Bd. (Exit 90 der I-95), tgl. 9–17 Uhr, Eintritt $ 13, Tel. 860/572-59 55*

Mystic Seaport Museum

★ Die Nachbildung eines Küstenorts im 19. Jh zeigt in einem Seefahrt- und Fischereimuseum einen bedeutenden Aspekt der Neuengland-Geschichte. Unter den Schiffen, die vor Anker liegen, ist das einzige noch existierende Walfängerboot aus Holz, die »Charles W. Morgan« (1841). *75 Greenmanville Av. (Exit 90 der I-95), Mai–Okt. tgl. 9–17, Nov. bis April 9–16 Uhr, Eintritt $ 16, Tel. 860/572-0711*

Abbott's Lobster in the Rough

❂ Hummeressen an einfachen Holztischen unter freiem Himmel. Wein und Bier muß man mitbringen. *117 Pearl St., Noank, Tel. 860/536-7719, Kategorie 3*

Flood Tide Restaurant

Auf einem kleinen Hügel im *The Inn at Mystic,* mit 🔽 Blick über den Hafen. Fisch, Pasta, Steaks. *Route 1/Route 27, Tel. 860/536-8140, Kategorie 2*

HOTELS

The Inn at Mystic

Das alte Haus und ein Motelanbau offerieren zwei Preisklassen. *68 Zi., Route 1/Route 27, Mystic, Tel. 860/536-9604, Fax 572-1635, Kategorie 1–2*

The Old Mystic Inn

Ruhiges Haus aus dem Jahr 1826 nur wenige Kilometer vom Touristenrummel. *8 Zi., 52 Main St., Old Mystic, Tel. 860/572-9422, Fax 572-9954, Kategorie 1–2*

AUSKUNFT

Mystic Tourist Information

Olde Mystic Village Mall, *Coogan Bd. (Exit 90 der I-95), tgl. 10–17, im Sommer 9–18 Uhr, Tel. 860/536-1641*

Mystic war früher das Zentrum des Schiffsbaus im Norden der USA

NARRAGANSETT

(**117/D 4**) Die kleine Stadt an der Südwestküste von Rhode Island war Ende des 19. Jhs. ein reiches Seebad und Zwischenstopp der Dampfschiffe zwischen New York und Newport. Heute locken die Strände Sonnenhungrige. Sehenswert: der *Leuchtturm von Point Judith* und die Fahrt dahin entlang der Küste.

HOTEL

Stonelea
Über 100 Jahre alt. Schöne Antiquitäten. ♨ Meeresblick. 7 Zi., *keine Kreditkarten, 40 Newton Av., Narragansett, Tel. 401/783-95 46, Fax 792-82 37, Kategorie 1*

SPIEL UND SPORT

Strände
☃ Von den Routen 1 und 1 A aus erreicht man folgende Strände: *South County Atlantic Beach Park (bei Watch Hill), East Beach im Charlestown Beachway State Park, East Beach und Moonstone Beach (bei Charlestown), Roy Carpenter's Beach, Matunuck Beach und Matunuck State Beach (bei Matunuck) sowie bei Point Judith den Roger W. Wheeler Memorial Beach.*

AUSKUNFT

South County Tourism Council
4808 Tower Hill Rd., Wakefield, Mo bis Fr 9–17 Uhr, Tel. 401/789-44 22

NEW HAVEN

(**116/C 5**) Berühmt als Standort der Yale University, die neben Harvard als beste Bildungseinrichtung der USA gilt.

BESICHTIGUNG

Sehenswert für Besucher: eine Reihe von Museen, die durch die Schenkungen ehemaliger Studenten ständig aufgewertet werden. Die *Yale University Art Gallery* besitzt Kunstwerke vom alten Ägypten bis zur Moderne *(Tel. 203/432-06 00)*. Das *Yale Center for British Art (Tel. 203/432-28 00)* birgt die größte Sammlung britischer Kunst außerhalb des Königreichs. Die *Beinecke Rare Book Library (Tel. 203/432-29 77)* ist die größte Bibliothek der Welt für seltene Bücher und Manuskripte. *Führungen durch das Universitätsgelände* werden organisiert *(New Haven Green, 149 Elm St., Tel. 203/432-23 00)*. Begehrte Yale-Souvenirs findet man im *Yale Coop (924 Chapel St., Tel. 203/772-22 00)*.

NEWPORT

(**117/D–E 4**) Im Jahr 1639 von religiösen Splittergruppen gegründet, entwickelte sich Newport zu einer bedeutenden Hafen- und Handelsstadt. Finanzadel und Eisenbahnbarone aus New York ergänzten das ohnehin prächtige Stadtbild noch um eine Besonderheit: große steinerne Herrenhäuser, die als Sommervillen dienten und eher untertrieben *Cottages* genannt wurden. Der Pomp jener Ära, der sich am Ocean Drive und an der Bellevue Avenue ballt, wird durch den verhalten ausgeprägten Wohlstand der aus Holz errichteten *Colonial Houses* am Washington Square und am Broadway kontrastiert. Ihre kunstvoll verzierten Eingangstüren sind besonders reizvoll. Zu den sehenswerten

Internationaler Seglertreff: der Hafen von Newport

Schmuckstücken gehört das *Hunter House* von 1748 *(54 Washington St., Mai–Sept. tgl. 10–17 Uhr, Eintritt $ 9, Tel. 401/847-10 00)*.

Newport läßt sich bequem zu Fuß oder per Fahrrad erkunden. Der ✹ *Cliff Walk* führt an der Ostseite von Newport am Meer entlang und an den Hintergärten der Mansions vorbei. Der *Ocean Drive* erlaubt ebenfalls Momentaufnahmen vom üppigen Leben. Ein gutes Ziel: die Terrasse des *Inn at Castle Hill,* auf der man beim ✹ Blick auf die Narragansett Bay und ihre schmucken Segelboote mit einem Gin Tonic im Glas von Newports goldenen Zeiten träumen kann.

BESICHTIGUNGEN

The Astor's Beechwood

Ehemaliger Sommerpalast der Familie Astor, in dem in historische Kostüme gekleidete Schauspielschüler erdachte Szenen aus dem »Alltagsleben« der Familie vorführen. *580 Bellevue Av., tgl. 10–17 Uhr, Eintritt $ 8,75, Tel. 401/846-37 72*

Gilded Age Newport

★ Sechs Sommerschlösser der Eisen- und Stahlbarone der Jahrhundertwende gehören heute der *Preservation Society of Newport* und sind zu besichtigen. Am eindrucksvollsten: *The Breakers,* das Haus von Cornelius Vanderbilt II. mit 70 Zimmern *(Ochre Point Av.).* 2500 Arbeiter brauchten zwei Jahre, um die vergoldete Pracht zu erstellen. *April–Okt. tgl. 10–17 Uhr, Eintritt $ 12, Adressen und Eintrittskarten ($ 47 für insgesamt 10 Häuser): Newport Preservation Society, Tel. 401/847-10 00*

Hammersmith Farm

Das 28-Zimmer-Sommerhaus der Familie *Auchincloss.* Jacqueline Kennedy Onassis, geborene Auchincloss, wuchs hier auf. In ihrem Jungmädchenzimmer sind persönliche Gegenstände und Zeichnungen zu sehen. Zur Regierungszeit von John F. Kennedy war Hammersmith Farm präsidialer Sommersitz. *Ocean Drive in der Nähe von Fort Adams, April–Nov. tgl. 10–17 Uhr, Eintritt $ 8, Tel. 401/846-73 46*

Die letzten Mohikaner und das große Geld

Jahrhundertelang wurden die Indianer romantisiert, dezimiert oder einfach ignoriert. Nun helfen sich die Nachkommen der letzten Mohikaner selber: mit profitablen Kasinos. Am erfolgreichsten sind die Mashantucket Pequots in Connecticut, deren ★ *Foxwoods Casino* in Ledyard 10 000 Menschen beschäftigt und 800 Mio. Dollar pro Jahr an Gewinn einspielt *(Route 2, Tel. 860/ 312-3000)*. Doch die Konkurrenz schläft nicht. Im nahen Uncasville beteiligen sich die Mohegans am Kasino-Boom *(Tel. 860/ 848-5682)*. Die Narragansetts in Rhode Island wollen folgen.

Tennis Hall of Fame

Ein Tennismuseum mit Erinnerungsstücken aus der Geschichte des weißen Sports. Auf dem Rasenplatz spielt man für $ 25. *194 Bellevue Av., 10–17 Uhr, Eintritt $ 8, Tel. 401/849-3990*

RESTAURANTS

Black Pearl

Gemütliche alte Taverne mit Terrasse auf dem Pier. Fisch und Ente vom Grill. *Bannister's Wharf, Tel. 401/846-5264, Kategorie 2*

Clarke Cooke House

Französisch inspirierte Mittelmeerküche in einem Haus aus dem Jahr 1790. ⚓ Blick auf den Hafen. *Bannister's Wharf, Tel. 401/ 849-2900, Kategorie 1*

Scales & Shells

Fisch und Hummer frisch vom Grill. Reservieren! *527 Thames St., Tel. 401/846-3474, Kategorie 3*

SHOPPING

★ Auf *Bowen's* und *Bannister's Wharf* reihen sich Boutiquen, Galerien und Restaurants aneinander, während an den Bootsstegen die Yachten reicher Urlauber vor Anker liegen. Antiquitätenhänd-

ler findet man in der Thames und der Spring Street.

HOTELS

The Admirals

Drei *Inns* in historischen Gebäuden im alten Stadtkern. *43 Zi., Postadresse: 8 Fair St., Newport, Tel. 401/846-4256, Fax 848-8006, Kategorie 1–3*

The Francis Malbone House

Laura-Ashley-Stil direkt an der Uferstraße. *18 Zi., 392 Thames St., Newport, Tel. 401/846-0392, Fax 848-5956, Kategorie 1*

The Ivy Lodge

In unmittelbarer Nähe der großen Sommerpaläste. Viktorianischer Charme. *8 Zi., 12 Clay St., Newport, Tel. 401/849-6865, Fax 849-2919, Kategorie 1–2*

Newport Gateway Hotel

Minimaler Motelkomfort ab $ 65. *47 Zi., 31 W Main Rd., Jamestown, Tel. 401/847-2735, Fax 847-5434, Kategorie 3*

Yankee Peddler Inn

B & B aus dem Jahr 1830. *19 Zi., 113 Touro St., Newport, Tel. 401/ 846-1323, Fax 849-0426, Kategorie 1–3*

CONNECTICUT UND RHODE ISLAND

AUSKUNFT

**Newport Country
Convention and Visitors Bureau**
*23 America's Cup Av., tgl. 9–17 Uhr,
Tel. 401/849-80 98*

OLD LYME

(116/C 5) Ehemalige Künstlerkolonie. Im *Florence Griswold Museum,* benannt nach der Mäzenin, die Mittelpunkt der Kunstszene war, sind diverse Gemälde zu sehen *(96 Lyme St., Tel. 860/434-55 42).*

RESTAURANTS

Zwei von Connecticuts bekanntesten Inns liegen nahe beieinander: das *Bee and Thistle Inn (100 Lyme St., Tel. 860/434-16 67)* und das *Old Lyme Inn (85 Lyme St., Tel. 860/434-26 00).* Beide haben exquisite Küche *(Kategorie 1–2).*

SPIEL UND SPORT

Strände
Beliebte Badeplätze Connecticuts sind der *Hammonasset Beach State Park (bei Madison, Tel. 203/245-18 17)* sowie der *Rocky Neck State Park Beach (bei Niantic, Tel. 860/739-54 71).*

PROVIDENCE

(117/D 4) Die Hauptstadt von Rhode Island (160 000 Ew.) hat etliche architektonisch hervorragende Facetten, z. B. das *John Brown House,* einst das Heim eines reichen Kaufmanns, erbaut 1786 *(52 Power St./Benefit St., Tel. 401/331-85 75)* sowie die Häuser am *College Hill,* die den Stilwechsel vom 18. zum 19. Jh. demonstrieren. Im Museum der *Rhode Island School of Design (RISD)* sind lohnende Wanderausstellungen zu sehen, die sich vor allen Dingen mit Textilien befassen *(224 Benefit St., Tel. 401/454-65 00).*

HOTEL

The Old Court Bed & Breakfast
Ehemaliges Pfarrhaus mit zehn Zimmern mit Kamin. *144 Benefit St., Providence, Tel. 401/751-20 02, Fax 272-48 30, Kategorie 2*

STONINGTON

(117/D 5) Ex-Walfangzentrum auf einer Halbinsel im Südosten Connecticuts. Stonington ist mit seiner *Water Street* ein gut erhaltenes Beispiel für ein Küstenstädtchen in Neuengland – samt der verschlafenen Atmosphäre. Sehenswert: das *Old Lighthouse Museum* mit Walfangmemorabilia.

RESTAURANT

Noah's
Hier verwendet man traditionelle und längst aus der Mode gekommene Zutaten (z. B. Farne). *113 Water St., Stonington, Tel. 860/535-39 25, Kategorie 2*

HOTEL

Randall's Ordinary
Haus aus dem 17. Jh. Restaurant mit deftiger Hausmannskost. *15 Zi., Route 2, North Stonington, Tel. 860/599-45 40, Fax 599-33 08, Kategorie 1–2*

Shelter Harbor Inn
Inn in Strandnähe mit gutem Restaurant. *24 Zi., 10 Wagner Rd. (Route 1), Westerly, Tel. 401/322-88 83, Fax 322-79 07, Kategorie 1–2*

Tonangebend im Nordosten

Im Mittelpunkt Neuenglands: Strandleben, Wintersport und alte Fischerhäfen

Massachusetts, das nach dem gleichnamigen Indianerstamm benannt wurde, auf den die ersten Siedler stießen, war stets der Vorreiter Neuenglands. Das begann mit der Landung der »Mayflower« in Plymouth (1620) und setzte sich fort: Die erste Universität entstand in *Harvard* (1636). Bostons *Common* wurde der erste öffentliche Park (1634), und hier – in der größten Stadt Neuenglands, die heute 750 000 Einwohner zählt – fuhr 1898 auch die erste Untergrundbahn Amerikas. Massachusetts ist darüber hinaus aber noch die Wiege der amerikanischen Revolution, die mit einem Aufbegehren gegen die Steuerpolitik der britischen Kolonialherren und mit Ereignissen wie dem *Boston Massacre* (1770) und der *Boston Tea Party* (1773) begann.

Da sich der Staat von den bergigen Berkshires bis zu den Atlantikinseln *Martha's Vineyard* und *Nantucket* über die gesamte

Breite Neuenglands erstreckt, bietet er einen reizvollen Querschnitt der Region – landschaftlich ebenso wie historisch: von Sommerstrand bis Wintersport und von denkmalwürdigen Industriestädten bis zu alteingesessenen Fischerhäfen, von Wiesen und Feldern bis zu den herbstlich bunten Wäldern. Massachusetts symbolisiert die Entwicklung des amerikanischen Nordostens von Landwirtschaft und Walfang über Seehandel und Industrialisierung bis hin zum Computerbau. Colleges und Universitäten – allein im Großraum Boston gibt es über 50 – haben ständig für frisches geistiges Potential gesorgt.

Anders als die fünf anderen Neuengland-Staaten ist Massachusetts mit 6 Mio. Einwohnern groß genug, um innerhalb der 50 US-Bundesstaaten ein gewichtiges Wort mitzureden. Seine berühmtesten Politiker stammen aus einer Familie. Sie trägt den irischen Namen Kennedy und steht für den gewachsenen katholischen Einfluß in der Region, der die starken puritanischen Ursprünge aufgelockert

Boston ist ,der Nabel der Welt.
Davon sind jedenfalls alteingesessene
Bostoner überzeugt

hat. Der Name markiert noch eine weitere Tradition. Die Kennedys besitzen, wie viele Bostoner, einen Landsitz auf *Cape Cod.* Die Halbinsel war und ist die berühmteste und eleganteste Ferienkolonie in den USA.

BOSTON

☛ **Stadtplan in der hinteren Umschlagklappe**

(117/E 3) Der Platz, den Boston sich im globalen Rahmen zugemessen hat, wirkt typisch amerikanisch. Man betrachtet sich ganz einfach als *hub of the universe,* als Nabel der Welt. Das hat Tradition. Boston entstand 1630, als 1000 Puritaner mit dem späteren Gouverneur John Winthrop an der Spitze an der Küste von Massachusetts landeten und nach ersten Bemühungen in Salem und Charlestown die damals Shawmut genannte Halbinsel für sich entdeckten, auf der ein anglikanischer Geistlicher ein Einsiedlerdasein führte. Das Dorf, das zuerst wegen seiner hügeligen Topographie Trimountain genannt und wenig später in Boston umgetauft wurde, lebte gemäß dem Grundsatz, daß Staat und Kirche eins sind. Auch wenn die Puritaner wegen religiöser Unterdrückung ausgewandert waren – in Amerika regierten sie mit wenig Toleranz und bestraften zum Beispiel jeden, der die strikten Regeln des geheiligten Sonntags und des Gemeinschaftslebens nicht beachtete, mit dem Pranger. Der erste am Pranger war der Schreiner, der ihn gebaut hatte. Er hatte einen zu hohen Preis verlangt.

Elitär war für Neuenglands größte Stadt und einzige echte

MARCO POLO TIPS FÜR MASSACHUSETTS

1 Die Berkshires
Die Berge um Lenox tragen den Spitznamen »Inland Newport« (Seite 51)

2 Boston: Freedom Trail
Durch Boston zu Fuß auf den Spuren der Geschichte (Seite 42)

3 Cambridge: Uni-Flair
Cafés und Buchgeschäfte am und um den Harvard Square (Seite 46)

4 Cape Cod: Strandzeit
Am besten: Wellfleet und Cape Cod National Seashore. Treffpunkt für Bostoner (Seite 47)

5 Hancock Shaker Village
Möbeldesign und Kunsthandwerk, das in seiner Schlichtheit und Spiritualität fasziniert (Seite 57)

6 Küstenromantik auf der Route 127 A
Faszination zwischen Gloucester und Rockport (Seite 50)

7 Martha's Vineyard
Insel mit Kliffen und Strand vom Feinsten (Seite 52)

8 Nantucket
Auf den Spuren der Walfänger und der Einsamkeit. Die Zeit scheint stehengeblieben (Seite 54)

*St. Joseph's Church. Die irischen
Einwanderer hinterließen Spuren*

mancherorts enge und holpri-
ge Kopfsteinpflasterstraßen säumen, sind das stolze Erbe einer
Zeit, in der Amerika noch ganz
europäisch war.

Ihren Wohlstand bezog die
Hauptstadt der Kolonie vom
Handel mit England und den
Westindischen Inseln. Später, als
eines der Wirtschaftszentren der
noch jungen USA, florierte Boston durch den Warentausch mit
China und Ostasien. Nach einer
Phase des Niedergangs zu Beginn des 20. Jhs. wurde der Hafen modernisiert und ausgebaut.
Heute allerdings bezieht die
Stadt ihre Wirtschaftskraft im
wesentlichen aus der Computer-
industrie, dem Bank- und Ver-
sicherungsgewerbe sowie anderen Dienstleistungszweigen.

Das Hafengebiet wurde wäh-
renddessen zum Aushängeschild
und lebendigen Anziehungs-
punkt für Geschäfte, Restaurants, Hotels und Museen, die in
die renovierten Lagerhäuser aus
Granit einzogen.

Abseits dieser Zone namens
Waterfront präsentieren sich
North End – traditionell der
Stadtteil der italienischen Einwanderer – und Beacon Hill mit
seinen edlen Stadthäusern aus
dem frühen 19. Jh.

Boston ist, wie New York und
San Francisco, eine Stadt, die
man gut zu Fuß erobern kann.
Die Hauptattraktionen der In-
nenstadt liegen nahe beieinander, das Straßennetz ist freilich
ein für ortsfremde Autofahrer
undurchsichtiges Gewirr von
Einbahnstraßen. Eine praktische
Hilfe beim Rundgang ist der
Freedom Trail, eine rote Linie
quer durch die Stadt, die, angefangen beim Boston Common,

Metropole noch nie ein Fremd-
wort. Hier, wo man dem British
Empire alsbald die kalte Schulter
zeigte, Amerikas geistige Elite
formte und gleichzeitig mit aller
Welt profitablen Handel unter-
hielt, war man schon immer
weltläufig und kulturbeflissen,
geschichtsbewußt und doch den
entscheidenden Entwicklungen
der Neuzeit gegenüber aufgeschlossen. Boston ist nicht von
ungefähr die einzige Stadt der
USA mit einem Museum, das
ausschließlich Computern gewidmet ist.

Im Kontrast zum makellosen
Weiß der typischen Neuengland-
Architektur stemmt sich eine
wuchtige Häuserlandschaft aus
roten Ziegeln in den in Jahrhun-
derten dem Meer abgerungenen
Bostoner Boden, überragt von
Wolkenkratzern der jüngsten
Baueuphorie: *Downtown.* Die
Häuser des buckligen Beacon
Hill und von North End, die

dem großräumigen Park, durchs Regierungs- und Finanzviertel zu den geschichtsträchtigen Orten von North End führt.

Das U-Bahn-Netz erleichtert alle ausgedehnten Exkursionen, denn es verknüpft das Zentrum und die Einkaufsstraßen in Back Bay mit dem Flughafen ebenso wie mit Cambridge und Harvard.

Trotz ihres Rufs, auf Distanz Wert zu legen und hochmütig zu wirken, besitzen Bostonians, diese Mischung aus weitgereist und belesen, aus irischer Pub-Seligkeit und italienischem Espresso-Charme, aus versnobtem Brahmanen-Gehabe und neureichem Yuppietum, durchaus eine gewisse Kontaktfreude. Es lohnt sich, sie kennenzulernen.

BESICHTIGUNG

Boston Harbor Cruises (U/F 3)
〰️ Etwa dreiviertelstündige Hafenrundfahrten mit guter Aussicht auf die Skyline. *Stündlich 10.30–16.30 Uhr, $ 8.* Außerdem gibt es Walbeobachtungsfahrten (Whale Watches): *5 Stunden, $ 28, 1 Long Wharf, Tel. 617/723-78 00*

Freedom Trail (U/D–E 4–1)
★ Eine rote Linie auf dem Trottoir führt zu 16 historischen Schauplätzen. Unter anderem zum *Old South Meeting House,* wo das konspirative Treffen der »Boston Tea Party« stattfand, zum *Old State House,* dem Sitz der Kolonialregierung und Tatort des »Boston Massacre«, zum *Paul Revere House,* dem Wohnhaus des hochgelobten Freiheitskämpfers, und zur *»USS Constitution 12«,* dem ältesten Kriegsschiff der US-Marine aus dem Jahr 1797. Einige Stätten verlangen Eintritt. Der Rundgang dauert drei bis vier Stunden. Tip: am *Boston Common State House* beginnen. Übersichtskarten erhalten Sie an der *Boston Common Visitor Information Booth (Tremont St., Nähe MBTA-Station Park St.).*

John Hancock Observatory (U/B 6)
〰️ Aus dem 60. Stock dieses von Meisterarchitekt I.M. Pei gebauten Wolkenkratzers, des höchsten Gebäudes in Neuengland, hat man die Übersicht über Boston. *Trinity Pl./St. James Av., Mo bis Sa 9–22, So 9–17 Uhr, Eintritt $ 1, Tel. 617/572-64 29*

New England Aquarium (U/F 4)
Mehr als 2000 verschiedene Unterwasserlebewesen. In einem der großen Becken taucht man über eine verglaste Treppe trockenen Fußes vier Stockwerke tief in die Welt der Haie und Muränen. *Central Wharf (Central/ Milk St.), 1 Atlantic Av., Mo–Fr 9–17, Sa, So 9–18 Uhr, Eintritt $ 12, Tel. 617/973-52 00*

MUSEEN

Boston Tea Party Ship and Museum (U/F 5)
An Bord der »Beaver II« wird täglich die historische *Tea Party* nachgestellt, bei der aus Protest gegen britische Zölle importierte Teeballen ins Wasser flogen. *Congress St. Bridge, tgl. 9–17 Uhr, Eintritt $ 8, Tel. 617/338-17 73*

The Computer Museum (U/F 5)
Das einzige Museum der Welt, das ausschließlich der Computertechnologie gewidmet ist. Auch für Kinder faszinierend ist der Rundgang durch das 15fach vergrößerte Modell eines Perso-

nalcomputers. *300 Congress St., Di–So 10–18, Winter 10–17 Uhr, Eintritt $ 7, Tel. 617/426-28 00*

Isabella Stewart Gardner Museum (O)

Museum im ehemaligen Privatpalazzo einer Millionärin mit exquisiten alten Meistern (Botticelli, Rubens, Tizian) und Schätzen aus dem Besitz der Medici. *280 The Fenway, Di–So 11–17 Uhr, Eintritt $ 10, am Wochenende $ 11, Tel. 617/566-14 01*

John F. Kennedy Library and Museum (O)

Erinnerungsstücke aus der Amtszeit des in Boston geborenen 35. US-Präsidenten, der 1963 bei einem Attentat getötet wurde. Vor dem kühnen schwarzen Glasgebäude des Meisterarchitekten I.M. Pei befindet sich Kennedys aufgedockte Segelyacht »Victura«. *Columbia Point, Dorchester, Subway Station JFK/ U Mass (Red Line), tgl. 9–17 Uhr, Eintritt $ 8, Tel. 617/929-45 23*

Museum of Fine Arts (O)

Eines der renommierten Kunstmuseen des Landes. Es gibt u. a. einen ausgiebigen Überblick über das Kunstschaffen in Amerika. Die Asiatika-Sammlung gilt als besonders profund. Ebenfalls empfehlenswert: die ägyptische Abteilung, die indischen Miniaturen, die Impressionisten, der *Gift Shop* mit Kopien von alten Schmuckstücken und anderen kunstfertigen Souvenirs sowie ein gutes Restaurant. Für Kunstinteressierte ist der Besuch ein Muß. *465 Huntington Av., tgl. 10 bis 16.45, Mi bis 21.45 Uhr, Eintritt $ 10, Tel. 617/267-93 00*

»USS Constitution« (U/E 1)

Das 200 Jahre alte Metallschiff trat zu 42 Seeschlachten an – und gewann sie alle. Museum mit Fotos, Gemälden und Ausrüstungsgegenständen der Matrosen. *Constitution Wharf, Charlestown, Anreise per Water-Shuttle-Boot ($ 1) von Long Wharf neben dem New England Aquarium, im Sommer tgl.*

Gedenken an den berühmtesten Bostoner: die John F. Kennedy Library

9–18 Uhr, Eintritt freiwillig, Tel. 617/426-18 12

RESTAURANTS

Anthony's Pier 4 (U/F 4–5)
Hausgebeizter Lachs, Kabeljau und Hummer vom Feinsten. Treffpunkt: die Bar namens *Rum Room*. 140 Northern Av., Tel. 617/482-62 62, Kategorie 1

Biba's (U/C 5)
Lydia Shire ist eine der einfallsreichsten unter Amerikas Nachwuchsköchen. *272 Boylston St., Tel. 617/426-78 78, Kategorie 1*

Brasserie Jo (U/A 6)
Ein Elsässer interpretiert die *fruits de mer* mit amerikanischen Edelfischen und serviert tolle *choucroute* (Sauerkraut). *Im Colonnade Hotel, 120 Huntington Av., Tel. 617/425-32 40, Kategorie 2*

Clio (O)
Küchenchef Ken Oringer tischt Innovatives wie Foie Gras mit Rhabarber und Feigen oder Zicklein auf. *Im Eliot Hotel, 370 Commonwealth Av., Tel. 617/536-72 00, Kategorie 1*

Hamersley's Bistro (O)
Innovative Neuengland-Gerichte im hippen Viertel South End. *553 Tremont St., Tel. 617/423-27 00, Kategorie 1*

Jimmy's Harborside (O)
❂ Fisch mit ☆ Hafenblick. Die Boat Bar ist Treffpunkt für Lokalpolitiker. *242 Northern Av., Tel. 617/423-10 00, Kategorie 2*

Joe's American Bar & Grill (U/F 3)
Lebhafter Treffpunkt bei Seafood und Steak. ☆ Hafenblick von

der Terrasse. *100 Atlantic Av., Tel. 617/367-87 00, Kategorie 2*

Legal Sea Food (U/C 5)
Populäres Fischrestaurant mit Ablegern am Copley Square, in Cambridge und am Logan Airport. *35 Columbus Av., Tel. 617/426-44 44, Kategorie 3*

Mistral (U/B–C 6)
In dieser ehemaligen Fahrradfabrik serviert man Mittelmeerküche. *223 Columbus Av., Tel. 617/867-93 00, Kategorie 2*

Olives (O)
Chefkoch Todd English kredenzt Variationen einer phantasievollen Mittelmeerküche. Ihm gehören auch die vier *Figs*-Restaurants in Boston – immer gut für einen Snack *(Kategorie 3)*. 10 City Square, Charlestown, Tel. 617/242-19 99, Kategorie 2

Radius (U/E 5)
Hier zieht Michael Schlow, ein neuer Stern am Gourmethimmel, seine Kreise. Die Karte bietet frische Delikatessen wie Jacobsmuscheln aus Maine mit wilden Pilzen. Lange im voraus reservieren! *8 High St., Tel. 617/426-12 34, Kategorie 1*

Union Oyster House (U/E 3)
An der Bar des ältesten Restaurants der Stadt ißt man frische Blue-Point-Austern. *41 Union St., Tel. 617/227-27 50, Kategorie 2*

SHOPPING

Charles Street (U/C 4)
Am Fuß von Beacon Hill haben sich die Antiquitätenhändler niedergelassen. Gute Deals inmitten von viel Trödel verspricht

der *Beacon Hill Thrift Shop (15 Charles St.).*

Faneuil Hall Marketplace   (U/E 3)

Der ehemals größte Markt der Stadt wurde im Lauf der Zeit zum Mekka für kaufwillige Touristen. Hier befinden sich gute Restaurants, darunter das *Marketplace Café*, das *Durgin Park* und das *Quincy Market* in einem historischen Marktgebäude von 1825. ✱☺ Die Bars sind abends Treffpunkt von Singles auf Partnersuche.

Filene's Basement   (U/D 4)

In diesem Vorläufer der Outlet Stores findet man immer noch beachtliche Schnäppchen aus der Fabrikation bekannter Modemacher. *426 Washington St., Tel. 617/ 542-20 11*

Newbury Street   (U/A–C 6–5)

Bostons Hauptgeschäftsstraße erstreckt sich über zwölf Blocks vom Common in Richtung Westen durch den Stadtteil Back Bay und bietet Großstadtkaufhaus-Atmosphäre und oftmals exquisiten Boutiquencharme.

HOTELS

Boston Harbor   (U/F 4)

Am Wasser, mit spektakulärem ⚘ Blick auf Stadt und Hafen. Guter Fitneßclub. *230 Zi., 70 Rowes Wharf, Boston, Tel. 617/439-70 00, Fax 330-94 50, Kategorie 1*

Chandler Inn   (U/B–C 6)

Einfaches Haus mit 56 kleineren Zimmern in der Nähe von Back Bay. Gute Lage für die Stadterkundung zu Fuß. *26 Chandler St., Boston, Tel. 617/482-34 50, Fax 542-34 28, Kategorie 2*

Lenox   (U/A 6)

Jahrhundertwendehaus in Back Bay. Unbedingt nach *special rates* fragen. *214 Zi., 710 Boylston St., Boston, Tel. 617/536-53 00, Fax 267-12 37, Kategorie 2*

The Newbury Guest House   (U/A 6)

15 Zimmer in einem renovierten Haus nahe Copley Square. *261 Newbury St., Boston, Tel. 617/437-76 66, Fax 262-42 43, Kategorie 2–3*

Hotelzimmer zu ermäßigten Preisen verkaufen *Hotel Reservations Network (Tel. 214/361-73 11, Fax 361-72 99)* und *Quikbook (Tel. 212/532-16 60, Fax 532-15 56)*.

Privatunterkünfte von $ 80 bis $ 250 vermittelt die *Bed & Breakfast Agency of Boston (47 Commercial Wharf, Boston, Tel. 617/720-35 40, Fax 523-57 61)*. Sie können aber auch über Internet buchen: *www.boston-bnbagency. com.*

Zwischen $ 70 und $ 200 liegen die Räume des *B & B Reservation Service (P.O. Box 600035, Newtonville, Tel. 617/964-16 06, Fax 332-85 72)*, der auch Zimmer in anderen Teilen von Massachusetts bietet. Auf der Website *www.bbreserve.com* kann man sich ein Bild verschaffen, buchen muß man direkt bei der Agentur.

SPIEL UND SPORT

Radfahren   (U/A–C 5–1)

Tip: der 30 km lange *Dr. Paul Dudley White Bikeway* auf beiden Seiten des Charles River.

AM ABEND

Der »Calendar« in der Donnerstagsausgabe des »Boston Globe«, die Wochenzeitung »Boston

Phoenix« und die monatliche Stadtzeitung »Boston Magazine« enthalten die aktuellen Informationen über das Kulturleben.

Bar   (U/C 4)
Bull and Finch Pub. Interieur und Stimmung wie in Altengland. *84 Beacon St., Tel. 617/227-96 05*

Live-Musik   (O)
Die *Lansdowne St.* zwischen *Brookline Av.* und *Ipswich St. (MBTA Green Line: Kenmore Sq.)* ist voll von Live-Musik, u. a. im *Mama Kin (Tel. 617/536-21 00)* der Bostoner Band Aerosmith und den Diskotheken *Axis (617/626-24 37)* und *Avalon (617/262-24 24).*

Symphony Hall   (O)
Spielstätte des Boston Symphony Orchestra und des beliebten Boston Pop Orchestra. *301 Massachusetts Av., Tel. 617/266-14 92*

Greater Boston Convention and Visitors Bureau   (U/A 6)
Prudential Tower, Center Court, 800 Boylston St., Mo–Fr 8.30–18, Sa, So 10–18 Uhr, Tel. 617/536-41 00, www.bostonusa.com

Information Booth   (U/D 4)
Hier gibt es u. a. Karten für den Freedom Trail. *Nordostecke des Boston Common (Tremont St.)*

CAMBRIDGE

(117/E 2) ★ Eingefleischte Bostoner betrachten Cambridge als Teil ihrer Stadt, die Einwohner von Cambridge sehen das keineswegs so. Die politisch selbständige Kommune auf der Nordseite des Charles River, erreich-

bar per MBTA (Red Line), ist Standort der *Harvard University.*

⚡☗⦿ Der Harvard Square ist das Zentrum der Stadt. Dort trifft man Studenten, bummelt durch Boutiquen, die noch immer einen Hauch der sechziger Jahre verströmen, erlebt Cafés, Buchhandlungen und Health-food-Geschäfte mit Bio-Kost.

Cambridge ist ein beschaulicher Ausgangspunkt für den Besuch in Boston. Empfehlenswert ist die Rundfahrt mit dem *Old Town Trolley (Abfahrt Harvard Square).*

Die internetorientierte Jugend findet man im ☗ *Café Cybersmith (36 Church St.).* Der attraktivste Treffpunkt am späten Abend: ☗ *House of Blues (96 Winthrop St., Tel. 617/491-25 83)* mit Live-Musik und jungem Publikum.

East Coast Grill
Lebhafter Szenetreff mit Fleischspezialitäten vom Grill und guten Fischgerichten. *271 Cambridge St., Tel. 617/491-65 68, Kategorie 2*

Charles
Eine Oase der Ruhe inmitten des Trubels in der Nähe des Harvard Square. Zu den Pluspunkten des Hauses gehört die Regatta Bar, eine der besten Jazzbars in der Region. *340 Zi., 1 Bennett St., Cambridge, Tel. 617/864-12 00, Fax 864-57 15, Kategorie 1*

Susse Chalet Inn
Motel in einem Gewerbegebiet ca. zehn Autominuten nördlich vom Harvard Square. Pluspunkt: Zimmer ab $ 99. *211 Concord*

Erholung pur am Strand von Cape Cod

Turnpike, Tel. 617/661-78 00, Fax
868-81 53, Kategorie 2–3

CAPE COD

(117/E–F 3–4) ★ Die Halbinsel südöstlich von Boston sieht aus wie
ein Arm mit gespannten Mus-
keln. Exakt in der Faust liegt
Provincetown, wo die Pilgerväter
aus England anno 1620 mit der
»Mayflower« anlegten, bevor sie
nach Plymouth weitersegelten.
Im 17. Jh. siedelten sich Fischer
an und verschifften in Salz ein-
gelegte Makrelen und Kabeljau
(cod) bis nach Südeuropa.

Das Cape mit seinem schatti-
gen, von dichten Wäldern und
großen Preiselbeerfeldern be-
wachsenen Kern und den weiten
Sandstränden lockte schon früh
reiche Bostoner, Künstler und
Schriftsteller an. 3,5 Mio. Touristen besuchen es heutzutage in
den Sommermonaten zwischen
Juni und September. Das sicht-
bare Ergebnis dieser Flut: Motelalleen und Supermärkte an den
Durchgangsstraßen, Stau an den
Brücken und auf der Route 6.

Doch noch immer vermitteln die
500 km Küste mit ihren alten
Holzhäusern und Fischerdör-
fern sowie den Villen der Reichen und einer angenehmen
Meeresbrise das Gefühl von Ferien und die Aura eines Geheim-
tips. Drei Brücken führen über
den 1914 ausgehobenen Kanal
vom Festland nach Cape Cod,
das man in die Gebiete North
Cape (von Sandwich bis Orleans), South Cape (von Falmouth bis Chatham) und Outer
Cape (das restliche Stück bis
Provincetown) aufteilt.

Auf der Route 28 erreicht man
Falmouth, um dessen Village
Green sich etliche alte Häuser
reihen *(Auskunft: Falmouth Histo-
rial Society, Palmer Av., Tel. 508/
548-48 57).* Südlich liegt *Woods
Hole,* Ausgangspunkt der Fäh-
ren nach *Martha's Vineyard* und
Nantucket, östlich befindet sich
Hyannis. In dessen Hafenvorort
Hyannisport liegt hinter dich-
ten Hecken der Sommersitz der
Kennedy-Familie. Den besten
❧ Eindruck verschafft man sich
vom Wasser aus – bei einer Ha-

fenrundfahrt *(Hy-Line, Ocean St. Dock, Tel. 508/778-26 00).* Eine Alternative: der Besuch im *John F. Kennedy Hyannis Museum (379 Main St., Tel. 508/790-30 77).*

Auf der Route 28 erreicht man Richtung Osten den malerischen Ort *Chatham,* wo ein Wassertaxi zu den Stränden von *South* und *North Beach Island* sowie zum *National Wildlife Refuge Monomoy Island* ablegt.

Die Route 6 führt nach ✝ *Provincetown,* Künstlerkolonie und traditionell Sommertreffpunkt Tausender Homosexueller aus dem Nordosten der USA. Dort steht der Turm des ☙ *Pilgrim Monument,* eine granitene Kopie der *Torre del Mangia* in Siena *(High Pole Hill/Winslow St., Tel. 508/487-13 10),* von dessen Spitze man fast das gesamte Cape überblicken kann. Das benachbarte *Provincetown Museum* zeigt u. a. die Kapitänskajüte eines Walfangboots.

Kontrast zu dem Getriebe bietet der kleine Ort *Wellfleet* (auf halbem Weg zwischen Orleans und Provincetown), von dessen Austernbänken die meisten Cape-Austern stammen. Unterhaltung ganz anderer Art bietet eines der letzten Autokinos in den USA *(Route 6, Tel. 508/349-71 76).* North-Cape-Attraktionen sind *Brewster* an der Route 6 A, *Yarmouthport* und *Barnstable,* wo einige der besonders schönen Inns und Restaurants der Insel liegen. Der Kern von *Sandwich,* der ältesten Siedlung auf dem Cape, stammt aus dem Jahr 1639. Das älteste Gebäude, das *Hoxie House (Water St., Route 130),* ist mit einfachen Möbeln aus der Gründerepoche ausgestattet. Das *Sandwich Glass Museum,* aus einer

Glasfabrik hervorgegangen *(Town Hall Square, Tel. 508/888-02 51),* und das *Yesteryears Museum* mit zwei Stockwerken voller Puppen und Puppenstubenzubehör *(River St./Main St., Tel. 508/888-1711)* sind weitere Attraktionen.

RESTAURANTS

Aesop's Table
Hier kombiniert man Fisch mit dem Besten aus dem Gemüsegarten. *Main St., Wellfleet, Tel. 508/3496450, Kategorie 2*

Chillingsworth
Französische Küche und exzellente Weinauswahl in einem 300 Jahre alten Cape-Haus. *Main St., Brewster, Tel. 508/896-36 40, Kategorie 2*

Daniel Webster Inn
In der gemütlichen *Tavern* munden die Fischspezialitäten am besten. *149 Main St., Sandwich, Tel. 508/888-36 22, Kategorie 1–2*

Front Street
Bistro der feinen Art. Spezialität Lammrücken. *230 Commercial St., Provincetown, Tel. 508/487-9715, Kategorie 2*

The Impudent Oyster
Fischgerichte und Muscheln. *15 Chatham Bars Av., Chatham, Tel. 508/945-35 45, Kategorie 2*

HOTELS

Bed & Breakfast Cape Cod
Fotos von Unterkünften zwischen $ 75 und $ 200 kann man sich vorab bereits im Internet ansehen: *www.bedandbreakfastcape cod.com.* Zur Buchung muß man sich dann allerdings telefonisch

oder per Fax an das Büro wenden. *Box 341, Hyannisport, Tel. 508/775-27 72, Fax 240-05 99*

Captain Ferris

Schön renoviertes altes Haus. *12 Zi., 308 Old Main St., South Yarmouth, Tel. 508/760-28 18, Fax 398-12 62, Kategorie 1–2*

Chatham Bars Inn

Hotel mit privatem Strand und Pools. *205 Zi., Shore Rd., Chatham, Tel. 508/945-00 96, Fax 945-54 91, Kategorie 1*

The Inn at Duck Creek

Ehemaliges Kapitänshaus. *25 Zi., East Main St., Wellfleet, Tel. 508/349-93 33, Fax 349-02 34, Kategorie 3*

Land's End Inn

Ein ehemaliges Kaufmannshaus. *17 Zi., 22 Commercial St., Provincetown, Tel. 508/48707 06, kein Fax, Kategorie 1–3*

The Queen Anne Inn

Hübsches altes Anwesen. *31 Zi., 70 Queen Anne Rd., Chatham, Tel. 508/945-03 94, Fax 945-48 84, Kategorie 1*

Watermark Inn

Zehn Suiten abseits vom Touristenstrom mit eingebauter Küche und Blick aufs Wasser. *603 Commercial St., Provincetown, Tel. 508/255-06 17, Fax 240-00 17, Kategorie 1–2*

SPIEL UND SPORT

Boote

Motor- und Segelboote können Sie in jedem Hafen mieten, u. a. bei *Flyer's (131 A Commercial St., Provincetown, Tel. 508/487-08 98).*

Fahrräder

Cape Cod ist von Fahrradwegen durchzogen. Empfehlenswert sind der Cape Cod Rail Trail (von Dennis bis Eastham) und der Provincelands Trail (er führt durch das Gebiet der Cape Cod National Seashore).

Strände

Die *Cape Cod National Seashore* an der Nordwestküste zwischen Chatham und Provincetown bietet prächtigen Sand, Kliffe, Dünen, Sumpflandschaft, Rad- und Wanderwege. *Cape Cod National Seashore Headquarters, Route 6, Eastham, Tel. 508/255-34 21*

Wale beobachten

Von Mitte April bis Okt. tummeln sich die Wale vor der *Stellwagen Bank* 15 km östlich von Provincetown. Die riesigen Meeressäuger sind ein beeindruckender Anblick. *Dolphin Fleet, MacMillan Pier, Tel. 508/349-19 00*

Wandern

Die *Massachusetts Audubon Society* bietet u. a. Trips ins National Wildlife Refuge Monomoy Island, eine durch eine übergroße Flutwelle zweigeteilte Insel mit seltenen Rehen, Reptilien und Vögeln. *South Wellfleet, Tel. 508/349-26 15*

AUSKUNFT

Cape Cod Information Booth

In den wichtigsten Orten auf dem Cape befinden sich *Informationsstände, geöffnet von Memorial Day bis Labor Day.*

Cape Cod Chamber of Commerce

Route 6/Route 132, Hyannis, Tel. 508/362-32 25, Mo–Fr 8.30–17, im Sommer auch Sa, So 10–16 Uhr

DEERFIELD

(116/C3) Zweimal fiel das Dorf im Tal des Connecticut River, dem Pioneer Valley, im 18. Jh. Überfällen feindlicher Indianer zum Opfer. Heute ist die Main Street ein selten gutes Beispiel für die verschiedenen Architekturstile der Zeit vom 18. bis ins 20. Jh.

Historic Deerfield
The Street (Route 5/Route 10), via Exit 24 North der I-91, tgl. 9.30 bis 16.30 Uhr, Eintritt $ 12, Tel. 413/774-55 81

Deerfield Inn
In einem historischen Gebäude. Das Restaurant serviert Speisen nach Rezepten, die in der Bibliothek des Orts gefunden wurden. *23 Zi., The Street, Deerfield, Tel. 413/774-55 87, Fax 773-87 12, Kategorie 1*

GLOUCESTER

(117/E2) In seinem Bestseller »Der Sturm« beschrieb der Journalist Sebastian Junger den Untergang eines Fischerboots aus diesem Hafenstädtchen in einem der gefürchteten »Nor'Easter«, der Stürme, die von Nordosten aufziehen. Noch heute lebt man in diesem Dorf aus dem Jahr 1623 von den Meerestieren. Berühmt: die Restaurants, die den Fang des Tages auftischen, u. a. an der Main Street und der Seven Seas Wharf. Gloucester ist nur 20 km von der *Stellwagen Bank* entfernt, der Futterstelle von Walen, Haien und Delphinen.

Woodman's
❂ Einfaches Lokal in der Nähe von Crane Beach mit hervorragendem Hummer und der örtlichen Spezialität *clambake* (verschiedene Meeresfrüchte, Maiskolben). *126 Main St., Essex, Tel. 978/768-60 57, Kategorie 3*

Die Galerien, Studios und Läden von *Rocky Neck* (gleich neben der Main St.) bieten etliches für den Kunstsammler.

Vista Motel
Motel mit ✹ Hafenblick. Pool. *40 Zi., 22 Thatcher Rd., Gloucester, Tel. 978/281-34 10, kein Fax, Kategorie 2–3*

Wale beobachten
Die beste Zeit ist frühmorgens. Trips unternehmen *Cape Ann Whale Watch (415 Main St., Tel. 978/283-51 10), Captain Billy's Whale Watch (33 Harbor Loop, Tel. 978/283-69 95)* und *Yankee Fleet (75 Essex Av., Tel. 978/283-03 13).*

Cape Ann Chamber of Commerce
33 Commercial St., Tel. 978/283-16 01, Mo–Fr 8–17 Uhr

Rockport   (117/E2)
Nicht versäumen sollten Sie die Reise auf der ★ Route 127 A nach *Rockport* an der Spitze von

Cape Ann. Von der Vergangenheit des Orts als Künstlerkolonie zeugen die *Galerien* am Bearskin Neck. In einer Holzhütte serviert der *Lobster Pool (329 Granite St., Tel. 978/546-78 08, Kategorie 3)* leckeren Fisch. Der Ort hat eine ganze Reihe von netten historischen Inns aufzuweisen. Übernachtung mit ☙ Seeblick im *Yankee Clipper Inn (26 Zi., 96 Granite St., Tel. 978/546-34 07, Fax 546-97 30, Kategorie 1–2).*

GREAT BARRINGTON

(116/B 3) Die waldigen Berkshire Mountains im Westen gehören nicht etwa nur im Herbst, wenn sich das Laub bunt färbt, zu den empfehlenswerten Reiserouten. Great Barrington, die erste Stadt der Welt, in der eine elektrische Straßenbeleuchtung installiert wurde (1886), *Southfield* und *New Marlborough* (im Sommer eigenes Musikfestival) sowie die Nachbarorte South Egremont und Sheffield präsentieren sich auch im Sommer als lohnende Ziele, insbesondere für Antiquitätenliebhaber und Kulturgenießer.

RESTAURANT

The Old Mill
Essen in einer alten Mühle. *53 Main St. (Route 23), South Egremont, Tel. 413/528-14 21, Kategorie 2*

SHOPPING

The Buggy Whip Factory
In einer ehemaligen Peitschenfabrik residieren 95 Antiquitätenhändler und das *Cottage Cafe*, ein Restaurant mit guten Sandwiches. *Route 272, Southfield, Tel. 413/229-35 76*

HOTEL

Old Inn on the Green
Haus aus dem Jahr 1760 mit 15 Zimmern und 2 Suiten. Erstklassiges Restaurant. *Route 57, New Marlborough, Tel. 413/229-31 31, Fax 229-82 36, Kategorie 1*

AUSKUNFT

Southern Berkshires Chamber of Commerce
362 Main St., Mo–Fr 9.30–16.30, Sa bis 15.30 Uhr, Tel. 413/528-15 10

LENOX

(116/B 3) Zwischen Ende Juni und September ist die liebliche Waldlandschaft der ★ Berkshires mit ihren sanften Hügeln und Seen Schauplatz von Amerikas profiliertestem ❂ *Freiluft-Musikfestival* in *Tanglewood.* Häuser und Park sind die Sommerresidenz des Boston Symphony Orchestra. Man picknickt und lauscht den Konzerten bekannter Gastinterpreten. Neben bedeutenden Werken klassischer Musik hat Tanglewood auch erstrangigen Jazz im Programm. In der Nähe: das Shopping-Outlet-Center Lee (via Route 20).

BESICHTIGUNG

Gilded Age Cottages
Um die Wende zum 20 Jh. waren die Berkshires neben Newport (Rhode Island) und den Adirondacks im Staat New York das Gebiet, in dem reiche New Yorker und Bostoner ihre ausladenden Sommerhäuser bauten, die sie mit viel Untertreibung *cottage* (das englische Wort für Kate) nannten. Zu besichtigen

sind zum Beispiel *Naumkeag* (Tel. 413/298-32 39), *Chesterwood* (Tel. 413/298-35 79) sowie *The Mount* (Tel. 413/637-18 99), das Haus der Schriftstellerin Edith Wharton.

MUSEUM

Norman Rockwell Museum

Hier werden 150 Zeichnungen des berühmten Zeitschriften-illustrators Norman Rockwell (1894–1978) ausgestellt, darunter seine humorvollen Titelbilder für die Zeitschrift »Saturday Evening Post«. *Route 183, Stockbridge, tgl. 10–17 Uhr, Eintritt $ 9, Tel. 413/298-4100*

RESTAURANTS

Blantyre

Dieses ehemalige Cottage mit vielen gotischen Türmchen ist heute ein luxuriöses Inn mit gutem Restaurant. *Route 20, Tel. 413/637-35 56, Kategorie 1*

Wheatleigh

Italienisch inspirierte Sommerresidenz mit einem herrlichen 🌿 Blick über die Stockbridge Bowl. Heute ein Luxus-Inn mit exquisiter Küche. *Hawthorne Rd., Tel. 413/637-06 10, Kategorie 1*

HOTELS

Brook Farm Inn

Rustikales Farmhaus. 6 der 12 Zimmer haben einen Kamin. *15 Hawthorne St., Lenox, Tel. 413/637-3013, Fax 637-4751, Kategorie 1–2*

Canyon Ranch

Luxus-Fitneßferien auf dem Gelände eines Schlosses. *120 Zi.,*

165 Kemble St., Lenox, Tel. 413/637-41 00, Fax 637-00 57, Kategorie 1

The Village Inn

Einfaches Inn in der Ortsmitte. *32 Zi., 16 Church St., Lenox, Tel. 413/637-00 20, Fax 637-97 56, Kategorie 1–2*

AUSKUNFT

Lenox Chamber of Commerce

65 Main St., Mo–Fr 10–16, im Sommer auch Sa 10–18 und So 11–14 Uhr, Tel. 413/637-36 46
Informationen zu Tanglewood: Tel. 413/637-61 80

MARTHA'S VINEYARD

(117/E4) ★ Ein Bostoner Kaufmann namens Mayhew kaufte 1660 die 330 qkm große Insel, die Besucher an die irische Küste erinnert. Seine Söhne missionierten die Wampanoag-Indianer, deren Nachfahren noch heute in *Gay Head* am Westende der Insel leben. Den Rest des Eilands haben viele Prominente zu ihrem Wochenend- und Feriendomizil erkoren. Die Erinnerungen an die Christianisierung und die Zeit des Walfangs sind nur noch romantischer Natur. *Vineyard Haven,* wo die Fähren aus Woods Hole und Hyannis anlegen, ist ein verschlafener Ort geblieben. *Oak Bluffs* hingegen wurde erheblich kommerzialisiert. Einen Blick wert sind die viktorianischen Cottages in der Ortsmitte. Das perfekte Ferienidyll bietet *Edgartown.* Vor seiner Küste liegt, durch eine Fähre zu erreichen, die Insel *Chappaquiddick.* In *West Tisbury* und *Chilmark* gibt es kleine Restaurants, die eine Pause auf der Radtour nach Gay Head äußerst angenehm gestalten. Die Granitkliffe von Gay Head erheben sich 50 m über die Brandung und schillern in allen Rot- und Blautönen. Nacktbaden, sonst überall verboten, ist hier an der Tagesordnung. Nicht nur bei Sonnenuntergang bietet das Cliff am Westende der State Street einen herrlichen ⚜ Blick. *Mit dem Auto können Sie per Fähre von Woods Hole anreisen (Steamship Authority, Tel. 508/228-3274), als Passagier oder Radfahrer auch von Hyannis (Hy-Line Cruises, Tel. 508/778-2600) oder von New Bedford (Cape Island Express Line, Tel. 508/997-1688). Im Sommer und am Wochenende müssen Sie sich einen Platz für das Auto so früh wie möglich sichern!*

Ein Muß ist Martha's Vineyard

sollten Sie auch unbedingt reservieren! *688 State Rd., West Tisbury, Tel. 508/693-9599, Kategorie 1*

Schöne Antiquitätenläden, Galerien und Boutiquen findet man in Edgartown. Populär: der Flohmarkt in *Chilmark (Mi und Sa jeweils vormittags).*

Nur in Edgartown und Oak Bluffs wird in Restaurants Alkohol ausgeschenkt. In den übrigen Ortschaften muß man ihn mitbringen. Die Flaschen werden (oft gegen geringe Gebühr = *corkage fee)* geöffnet.

Beach Plum Inn
Toller Hummer, gute Ente. *Beach Plum Lane, Menemsha, Tel. 508/645-9454, Kategorie 1–2*

Home Port
Einfaches Haus, frischer Fisch. Preiswerter: das Essen am Take-out-Counter bestellen und auf den Bänken vor dem Haus verzehren. *North Rd., Menemsha, Tel. 508/645-2679, Kategorie 2*

The Red Cat
Ganz hervorragend sind hier Thunfisch und Steak. Deshalb

Admiral Benbow Inn
Bed & Breakfast mit Neuengland-typischer Veranda. *7 gemütliche Zi., 520 New York Av., Oak Bluffs, Tel. 508/693-6825, Fax 696-6191, Kategorie 1–2*

Charlotte Inn
Früher das Haus des Besitzers einer Walfangflotte. Die 23 Zimmer sind mit Antiquitäten dekoriert. *27 S Summer St., Edgartown, Tel. 508/627-4751, Fax 627-4652, Kategorie 1*

The Farmhouse B & B
5 Zimmer in einem gemütlichen alten Bauernhaus. Man spricht deutsch. *State Rd., North Tisbury,*

Tel. 508/693-53 54, Fax 693-54 98, Kategorie 1

The Inn at Blueberry Hill

Luxuriöses Haus mitten im Grünen. Im Gebäude das Restaurant *Theo's. North Rd., Chilmark, Tel. 508/645-33 22, Kategorie 1*

Lambert's Cove Country Inn

Ein altes Bauernhaus im Apfelhain. Vorzügliches Restaurant. *15 Zi., Lambert's Cove Rd., West Tisbury, Tel. 508/693-22 98, Fax 693-78 90, Kategorie 1–2*

Menemsha Inn and Cottages

Im ruhigen Teil der Insel gelegen. *15 Zi. und 12 Cottages, North Rd., Menemsha, Tel. 508/645-25 21, kein Fax, Kategorie 1–2*

HÄUSER UND BED & BREAKFAST

Zimmer vermitteln *Martha's Vineyard and Nantucket Reservations (Vineyard Haven, Tel. 508/693-72 00, kein Fax)*.

Die Vermietung von schön gelegenen Eigentumswohnungen oder Häusern makeln u. a. *Barbara Nevin Real Estate (Edgartown, Tel. 508/627-71 77, Fax 627-71 79)* und *Ocean Park Realty (Oak Bluffs, Tel. 508/693-42 10, Fax 693-89 92)*.

SPIEL UND SPORT

Fahrräder

Vermietung: *R. W. Cutler Bike, Edgartown (Tel. 508/627-40 52)*

Golf

Auch die Mitglieder anderer Clubs können auf dem *Farm Neck Golf Club (18 Löcher, Tel. 508/693-25 04)* in Oak Bluffs spielen *(Greenfee $ 75)*.

Strände

Der *East Beach* auf Chappaquiddick ist der mit den wenigsten Besuchern. Der *South Beach* empfiehlt sich den Surfern. Für das Auto brauchen Sie einen Parkausweis, der mitunter im Hotel zur Verfügung gestellt wird. Billiger und ökologiebewußter: die Anreise per Fahrrad.

AUSKUNFT

Martha's Vineyard Chamber of Commerce

Beach Rd., Vineyard Haven, Tel. 508/693-00 85, Mo–Fr 9–17, im Sommer auch tgl. 8–20 Uhr am Ferry Terminal

NANTUCKET

(117/F 4) ★ Nantucket, etwa halb so groß wie die Nachbarinsel Martha's Vineyard, aber doppelt so weit vom Festland entfernt, bedeutet in der Indianersprache tatsächlich nichts anderes als »weit entfernte Insel«. Die Lage macht sie zu einem Kleinod. Im Juni und September findet man eine Insel vor, in der die Zeit stehengeblieben zu sein scheint. Das muß irgendwann im 19. Jh. passiert sein, als Nantucket wichtigster Walfanghafen der Welt und idealer Schauplatz für einen Roman wie »Moby Dick« war, den der Neuengland-Schriftsteller Herman Melville schrieb.

Typisch für das heutige Erscheinungsbild der Insel sind außer der endlosen Landschaft aus Dünen, Strand und Sumpf etliche mit grau gebeizten Schindeln verkleidete wetterfeste Holzhäuschen.

Nach Nantucket setzt die Fähre von Hyannis auf Cape Cod

Einsamkeit zwischen den Dünen auf Nantucket

über: *Steamship Authority, Tel. 508/477-86 00.* Im Sommer ist es nicht ganz einfach, einen Platz für das Auto zu bekommen. Am besten, Sie stellen es ab und setzen zu Fuß über.

MUSEUM

Whaling Museum
Früher eine Fabrik, in der Waltran verarbeitet wurde. Jetzt ein Ausstellungsgebäude für die Errungenschaften des Walfängergewerbes. *Steamboat Wharf/ Broad St., im Sommer tgl. 10–17, im Winter Sa, So 11–13 Uhr, Eintritt $ 5, Tel. 508/228-18 94*

RESTAURANTS

American Seasons
Kreative US-Spezialitäten. *80 Center St., April–Dez., Tel. 508/ 228-71 11, Kategorie 2*

The Brant Point Grill
Fisch vom Grill wird hier direkt am Wasser serviert. *White Elephant Resort, Easton Rd., Tel. 508/ 228-25 00, Kategorie 1–2*

Brotherhood of Thieves
◆ Gemütliche Beize, in der allerdings keine Kreditkarten akzeptiert werden und die auch ihre Telefonnummer nicht preisgibt. *23 Broad St., Kategorie 3*

Seagrill
Lebhaftes Fischrestaurant mit attraktiven Preisen. *45 Sparks Av., Tel. 508/325-57 00, Kategorie 2–3*

SHOPPING

Lightship Baskets
Traditionsgemäß tragen die Frauen von Nantucket Körbe mit kunstvoll verzierten Deckeln als Handtaschen. Die schönsten Exemplare gibt es bei *Four Winds Craft Guild* am *Ray's Court* zu kaufen.

HOTELS

Brant Point Inn/ Atlantic Mainstay
Zwei Inns mit recht großzügigen Räumen. *17 Zi., 2 Suiten, 6 North Beach St., Nantucket, Tel. 508/228-54 42, Fax 228-84 98, Kategorie 2*

Brass Lantern Inn

Das Haus im historischen Viertel von Downtown liegt mit seinen Preisen am unteren Ende der (hohen) Skala. *17 Zi., 11 Water St., Nantucket, Tel. 508/228-40 64, Fax 325-09 28, Kategorie 1–2*

76 Main Street

Bed & Breakfast mitten im Ort, dennoch ruhig. Einige der 18 Zimmer befinden sich in einem Anbau im Motelstil. *76 Main St., Nantucket, Tel. und Fax 508/228-25 33, Kategorie 1–2*

The Wauwinet

Luxus-Inn mit 29 Zimmern und 5 Cottages, elegant eingerichtet. Meerblick, Tennis, Wassersport, Restaurant *Topper's. Wauwinet Rd., Nantucket, Tel. 508/228-01 45, Fax 228-67 12, Kategorie 1*

SPIEL UND SPORT

Fahrräder

Das Fortbewegungsmittel Nummer eins mietet man bei *Young's Bicycle Shop, Steamboat Wharf, Tel. 508/228-11 51.*

Strände

❂ *Surfside* ist der Spielplatz der Surfer, *Madaket* und *Siaskonset* sind eher einsam.

AUSKUNFT

Nantucket Chamber of Commerce

48 Main St., Nantucket, Mo–Fr 9 bis 17 Uhr, Tel. 508/228-17 00

NEW BEDFORD

(**117/E 4**) Einige der alten Patrizierhäuser sind in der Hafenstadt nahe Rhode Island in gutem Zustand erhalten geblieben.

Galerien, Boutiquen und Restaurants zogen in die Betriebsstätten der Fischindustrie. Outlet Stores beherrschen das Bild im Geschäftsleben.

MUSEUM

New Bedford Whaling Museum

Das Haus ist der 200jährigen Walfanggeschichte des Landstrichs gewidmet. *18 Johnny Cake Hill, tgl. 9–17 Uhr, Eintritt $ 4,50, Tel. 508/997-00 46*

RESTAURANT

Antonio's

Hier können Sie die alten Rezepte der portugiesischen Einwanderer probieren. *267 Coggeshall St., Tel. 508/990-36 36, Kategorie 3*

Freestones

Im historischen Viertel, gute Steaks. *41 William St., Tel. 508/993-74 77, Kategorie 3*

HOTEL

Seaport Inn

Motel direkt am Hafen (Fähre nach Martha's Vineyard). *94 Zi., 110 Middle St., Fairhaven, Tel. 997-12 81, Fax 996-57 27, Kategorie 2–3*

AUSKUNFT

New Bedford Visitors Center

33 Williams St., tgl. 9–16 Uhr, Tel. 508/991-62 00

PITTSFIELD

(**116/B 3**) Im industriellen Zentrum von West-Massachusetts liegt der Schwerpunkt auf der Papierindustrie. Südlich der Stadt an

Das Gericht von Plymouth – Justitia wacht über Neuengland

der Route 7 liegt *Arrowhead,* das Haus, in dem der Schriftsteller Herman Melville seinen Walfängerroman »Moby Dick« geschrieben hat *(780 Holmes Rd., Tel. 413/442-17 93).*

MUSEUM

Hancock Shaker Village

★ Als recht großzügig angelegtes Freilichtmuseum blieben 20 Gebäude erhalten, die Architektur, Wohnkultur, Werkzeugbau und Gartenanbau der strengen Quäkersekte der Shaker dokumentieren. 300 Mitglieder der Glaubensgemeinschaft lebten in den dreißiger Jahren des 19. Jhs. in diesem Dorf, enthaltsam wie in einem Kloster. Ein Meisterwerk funktionalen Designs ist der kreisrunde, aus Stein errichtete dreistöckige Stall, in dem ein einzelner Mann 54 Kühe gleichzeitig füttern konnte. Das Dorf wurde 1960 wegen Nachwuchsmangels in ein Museum umgewandelt. Einfaches Restaurant, Geschenkboutique. *Route 20, 8 km westlich von Pittsfield, Ende Mai bis Mitte Okt., tgl. 9.30–17 Uhr, Eintritt $ 12,50, Tel. 413/443-01 88*

HOTEL

Hancock Inn

Ländlich-einfache Unterkunft, in der Sie im Sommer freitags bis sonntags ein gutes Dinner geboten bekommen. *6 Zi., 102 Main St., Hancock, Tel. 413/738-58 73, Fax 738-57 19, Kategorie 3*

Old Chatham Sheepherding Company Inn

Das kleine Haus im Grünen verfügt über 9 Zimmer und ein tolles Restaurant. *99 Shaker Museum Rd., Old Chatham, Tel. 518/794-97 74, Fax 794-97 79, Kategorie 1*

AUSKUNFT

Berkshire Visitors Bureau

Berkshire Commons im Crowne Plaza Complex, Pittsfield, Mo–Fr 8.30 bis 16 Uhr, Tel. 413/443-91 86

PLYMOUTH

(117/E3) Plymouth Rock, der Felsen, an dem die Pilgerväter der »Mayflower« 1620 auf der Suche nach der bereits etablierten Kolonie Virginia an Land gingen, ruht heute unter einem klassi-

Nachbildung der »Mayflower«, mit der einst die Pilgerväter landeten

zistischen Monument aus dem Jahr 1880. Der *Pilgrim Path,* ein Fußweg entlang zahlreicher historischer Stätten, führt u. a. zur »Mayflower II«, einer atlantikerprobten getreuen Nachbildung.

Plymouth (36 000 Ew.) ist die selbsternannte Hauptstadt des Preiselbeer-Anbaugebiets. Informationen zwischen April und November: *Cranberry World Visitors Center, 225 Water St., Tel. 508/747-23 50.* Eine besonders pittoreske Stimmung schafft die Ernte im Oktober.

MUSEEN

Pilgrim Hall Museum
Haushaltsgegenstände, Waffen und Bücher der Pilgerväter. *75 Court St./Route 3 A, tgl. 9.30 bis 16.30 Uhr, Eintritt $ 5, Tel. 508/746-16 20*

Plimouth Plantation
Ein Museumsdorf, in dem das Leben der ersten Siedler ein-

drucksvoll und originalgetreu nachgespielt wird. Der Besuch lohnt sich auch mit Kindern. *Warren Av./Route 3 A, 30. April bis 1. Dez., tgl. 9–17 Uhr, Eintritt $ 19, Tel. 508/746-16 22*

RESTAURANT

Plymouth Bay Brewing Co.
Amerikanische Bistro-Küche zu vor Ort gebrautem Golden Ale. *56 Main St. (Route 3 A), Tel. 508/746-72 22, Kategorie 2*

HOTEL

Pilgrim Sands Motel
Motel gleich gegenüber von Plimouth Plantation mit eigenem kleinem Strand und zwei Pools. *64 Zi., 150 Warren Av., Plymouth, Tel. 508/747-09 00, Fax 746-80 66, Kategorie 2*

AUSKUNFT

Destination Plymouth
225 Water St., Mo–Fr 9–17 Uhr, Tel. 508/747-75 33

SALEM

(117/E 2) Puritanische Massenhysterie führte in dem Küstenort nördlich von Boston zu einem für Amerika einmaligen Vorgang: zu sogenannten Hexenprozessen, in deren Verlauf 19 Frauen gehängt wurden. Mehr als 200 wurden im *Witch House (310 ½ Essex St.)* unter Anwendung der Folter verhört. Zu Anfang des 19. Jhs. erwarb sich Salem einen angenehmeren internationalen Ruf: Von hier aus wurde schwunghafter Handel mit der ganzen Welt getrieben. Schiffsbauer, Reeder und Kapitäne bauten sich Häuser mit Seeblick. Verschiedene Gebäude an der Derby Street und der Derby Wharf sind restauriert.

BESICHTIGUNG

House of the Seven Gables
Gartenkomplex mit Gebäuden aus dem 17. Jh. *54 Turner St., tgl. 10–17 Uhr (im Sommer länger), Eintritt $ 7, Tel. 978/744-09 91*

MUSEUM

Peabody and Essex Museum
Im Peabody Museum sind Schätze aus dem Asienhandel der East India Marine Society zu sehen. Die drei Herrenhäuser aus drei Jahrhunderten, die zum Essex Institute gehören, erzählen die Geschichte der Region. *East India Square, Mo–Sa 10–17, So 12–17 Uhr, Eintritt $ 8,50, Tel. 978/745-95 00*

RESTAURANT

Chase House
Mitten im Hafen auf einer Terrasse speisen. *Pickering Wharf, Tel. 978/744-00 00, Kategorie 2*

HOTEL

Hawthorne's
89 Zimmer und Suiten mit alten Möbeln im historischen Viertel. *On-The-Common, Salem, Tel. 978/744-40 80, Fax 745-98 42, Kategorie 1–2*

AUSKUNFT

Salem Chamber of Commerce
Old Town Hall, 32 Derby Square, Mo–Fr 9–17 Uhr, Tel. 978/744-00 04

ZIEL IN DER UMGEBUNG

Marblehead (117/E 2)
An der Küste nördlich von Boston errichteten gutbetuchte Bürger ihre Sommerhäuser. Dabei war Marblehead als Fischerdorf bei den puritanischen Bostonians wegen wilder Trinksitten im Verruf. Heute präsentiert sich das Ambiente eher charmant. Guten Fisch finden Sie bei *The Landing (81 Front St., Tel. 781/631-18 78)* und die beste Fischsuppe bei *The Barnacle (141 Front St., Tel. 781/631-42 36).* Direkt am Kliff über dem Wasser liegt das viktorianische Inn *Spray Cliff on the Ocean (7 Zi., 25 Spray Cliff, Tel. 781/631-67 89).* Der Abstecher nach Marblehead lohnt sich vor allem wegen der Shops und Galerien.

STURBRIDGE

(116/C 3) Old Sturbridge Village ist ein mit 40 alten Häusern aus ganz Neuengland authentisch nachempfundenes Dorf, das die Stimmung von 1830 einfängt, als Sturbridge die Grenze zum Wilden Westen war. Die Atmosphäre jedenfalls stimmt.

BESICHTIGUNG

Old Sturbridge Village
Route 20 (Exit 2 der I-84), tgl. 9–17, im Winter 10–16 Uhr, Eintritt $ 16, Tel. 508/347-33 62

HOTEL

Publick House Historic Inn
17 Zimmer mit historischem Flair. Im Restaurant gibt es Neuengland-Hausmannskost. *Route 131, Sturbridge, Tel. 508/347-33 13, Fax 347-12 46, Kategorie 1–3*

Einsamkeit und Freiheitsliebe

*In Neuenglands gebirgigem Norden steht jedes Jahr
der Herbst in Flammen*

Schöne weiße Holzhäuser und Kirchen in ebenso schönen kleinen Dörfern, umgeben von sanft rollenden grünen Bergen, die *Vermont* seinen ursprünglich französischen Namen gaben, signalisieren abgeschiedene Romantik hoch im Norden von Neuengland. Die einst selbständige Republik trat 1791 als 14. Staat der Union der 13 amerikanischen Gründerstaaten bei, behielt aber stets ihre Eigenheiten. Der Staat zwischen Kanada, New York, New Hampshire und Massachusetts, mit einer Fläche von 25 000 Quadratkilometern etwas größer als Hessen, schaffte vor allen anderen amerikanischen Bundesstaaten die Sklaverei ab. Hier, im einzigen Binnenland Neuenglands, fanden in diesem Jahrhundert Hippies und andere alternative Denker Ansatzpunkte für echtes Öko-Pioniertum.

Dabei bieten die kurzen Sommer in dem rauhen Klima nicht viel Spielraum für Experimente.

Am schönsten ist hier der Indian Summer. Dann färbt sich das Laub

Milch, Käse, Ahornsirup und Obst blieben denn auch seit Generationen die Haupterzeugnisse der Wirtschaft Vermonts. Vor 30 Jahren entdeckten Städter aus New York den verschlafenen Landstrich und seine 560 000 freundlichen Einwohner in den vier Regionen *Champlain Valley* im Westen, *Green Mountains* in der Mitte, *Northeast Kingdom* in der oberen rechten Ecke und *Connecticut River Valley* im Südosten. Die New Yorker kommen vor allem in den wenigen Wochen des *Indian Summer,* wenn sich die Ahorn- und Birkenblätter zu einem Feuerwerk der Herbstfarben verwandeln. Auch als Wintersportrevier hat sich Vermont, dessen Skihänge in Höhen um die 1000 Meter liegen, nach und nach einen Namen gemacht.

Eine ebenso starke Anziehungskraft üben die noch viel höheren und steileren *White Mountains* in *New Hampshire* aus. Der Staat, der seine südöstliche Spitze auf 25 Kilometern Länge in den Ozean tunkt und seine wichtigste Rolle alle vier Jahre als erste Station der innerparteilichen Präsidentschaftsvorwahlen spielt, hat sein konservatives Erbe stets bewahrt. Zum lokalen Brauch gehört es, seinen Besitz herauszuputzen und zu pflegen. So, wie es sich gehört, stolz ein Nummernschild auf dem Auto zu haben, auf dem das Motto *Live free or die* steht: Lebe in Freiheit oder sterbe.

Die Freiheit, die man in New Hampshire meint, basiert auf einer knorrigen, kritischen Sichtweise allen Regierungen gegenüber. Die rund eine Million Bewohner leben auf 24 000 Quadratkilometern, und sie beziehen ihr Einkommen aus der verarbeitenden Industrie und dem Tourismus. 1300 kleine und große Seen und die mächtigen White Mountains mit dem alles überragenden *Mount Washington* (1887 m) sind für Sommerfrischler ideal. 84 Prozent von New Hampshire werden, wieder, von Wald bedeckt, dank einer Maßnahme des Kongresses in Washington vor 80 Jahren, der dem

Treiben der Holzfäller nicht länger zuschauen wollte und 3000 qkm Forst erwarb und schützte.

Man teilt New Hampshire geographisch in sechs Gebiete. Das sind von Norden nach Süden die *White Mountains, Dartmouth Lake Sunapee* und *Monadnock* im Westen an der Grenze zu Vermont, *Lake Country* an der Grenze zu Maine, *Merrimack Valley* mit der Hauptstadt Concord und die Region *Seacoast* mit der Hafenstadt Portsmouth am Atlantik.

BENNINGTON

(114/A 5) Vermonts zweitgrößte Stadt und seine 35 000 Ew. verdanken dem Aufschwung der Mühlen und Töpfereibetriebe Ende des 19. Jhs. eine Menge. Doch politisch war der Ort schon vorher von Bedeutung. Denn in der Catamount Tavern organisierte der Freiheitskämpfer Ethan Allen 1775 seine Green Mountain Boys. Zwei Jahre später führte sie General John Stark im Unabhängigkeitskrieg gegen im britischen Sold stehende hessische Soldaten. An den Sieg erinnert das *Bennington Battle Monument,* ein 100 m hoher Obelisk *(15 Monument Av.).*

MUSEUM

Bennington Museum
Gebrauchsgegenstände, darunter alte Töpferwaren aus Bennington, Tiffany-Glas und Volkskunst. *West Main St./Route 9, tgl. 9–17, im Sommer 9–18 Uhr, Eintritt $ 6, Tel. 802/447-15 71*

RESTAURANT

Blue Benn
⚘ Ein typischer Diner im 40er-Jahre-Dekor. College-Kids essen hier ihre Hamburger. *Route 7 N, Tel. 802/442-51 40, Kategorie 3*

SHOPPING

Bennington Pottery
Töpferwaren mit Tradition. Fabrikbesichtigung und Führung. *324 County St., Tel. 802/447-75 31*

HOTEL

Best Western New Englander
Gehobene Motel-Klasse. *58 Zi., 220 Northside Drive, Bennington, Tel. und Fax 802/442-63 11, Kategorie 2–3*

AUSKUNFT

Bennington Area Chamber of Commerce
Veteran's Memorial Drive, Mo–Fr 9–17, im Sommer auch Sa 9–17 und So 10–16 Uhr, Tel. 802/447-33 11

BRATTLEBORO

(114/B 5) ★ Das 8600-Seelen-Städtchen im Südosten von Vermont begann als Posten im Indianerland und wurde im 18. Jh. Industrie- und Erholungszentrum. Der Schriftsteller Rudyard Kipling schrieb hier sein »Dschungelbuch«. Das Ausflugsschiff *»Belle of Brattleboro«* kreuzt im Herbst auf dem Connecticut River und bietet dabei einen spektakulären ☀ Blick auf die Wälder mit dem bunt schillernden Laub *(Tel. 802/254-12 63).*

HOTEL

The Latchis
Art-déco-Gebäude. Viele der 30 Zimmer mit ☀ Blick auf den Fluß. *50 Main St., Brattleboro, Tel. 802/254-63 00, Fax 254-63 04, Kategorie 3*

SPIEL UND SPORT

Kanu
Das *Vermont Canoe Touring Center* organisiert ein- und zweitägige Flußtouren. *Tel. 802/257-50 08*

AUSKUNFT

Brattleboro Chamber of Commerce
180 Main St., Mo–Fr 8.30–17 Uhr, Tel. 802/254-45 65

ZIEL IN DER UMGEBUNG

Marlboro *(114/C 5)*
15 km westlich liegt der Collegeflecken Marlboro. Im Sommer findet hier das Marlboro Music Festival für Kammermusik, im Herbst das New England Bach Festival statt. Übernachtungs-

möglichkeit im *Whetstone Inn (Route 9, Tel. 802/254-25 00),* das im 18. Jh. Taverne, Post und General Store gleichzeitig war.

BURLINGTON

(114/A 3) Die Handelsstadt am *Lake Champlain,* die durch den Bootsbau und die Holzverarbeitung groß wurde, aber auch heute, wo sie das Wirtschaftszentrum von Vermont ist, nicht mehr als 40 000 Einwohner zählt, thront auf einem Hügel über dem sechstgrößten See der USA. Burlington ist Sitz der *University of Vermont,* deren 10 000 Studenten das Stadtbild prägen. Geschäfte und Restaurants säumen die Main Street und die Uferpromenade. Empfehlenswert: die Fußgängerzone *Church Street Marketplace* und die Restaurants *Sweet Tomatoes Trattoria* (Pizza, *83 Church St.), Ice House* (Fisch, *171 Battery St.)* und *Isabel's on the Waterfront* (Gegrilltes und Salate, *112 Lake St.), alle Kategorie 2–3*

Shelburne Museum
★ 35 Bauwerke, die in verschiedenen Teilen von Neuengland mit großem Aufwand gerettet und hier wieder aufgebaut wurden. Darunter alte Brücken und ein Gefängnis. *Route 7, Shelburne, 11 km südlich von Burlington, Mitte Mai–Okt. tgl. 10–17 Uhr, Eintritt $ 17,50, Tel. 802/985-33 44*

Cafe Shelburne
Bistro mit gutem Fischtopf. *Route 7, Shelburne, mittags und Mo geschl., Tel. 802/985-39 39, Kategorie 2*

The Inn at Shelburne Farms
Früher ein Sommerpalast. Viele Zimmer haben einen herrlichen ☼ Blick auf den Lake Champlain. Das Restaurant *The Dining Room* lohnt einen Umweg. *24 Zi., Nov.–Mai geschl., Bay Rd./Harbor Rd., Shelburne, Tel. 802/985-84 98, Fax 985-12 33, Kategorie 1–2*

Kajak
Drei- und viertägige Touren von Inn zu Inn organisiert *Paddle-Ways, P.O. Box 65125, Burlington, Tel. 802/660-86 06.*

Radfahren
Rundfahrten, bei denen für den Gepäcktransport gesorgt ist, organisieren etliche Vermonter Firmen. Darunter: *Vermont Bicycle Touring, P. O. Box 711, Bristol, VT 05443, Tel. 802/453-48 11*

Lake Champlain Regional Chamber of Commerce
60 Main St., Mo–Fr 8.30–17, im Sommer auch Sa, So 11–15 Uhr, Tel. 802/863-34 89

Lake Champlain **(114/A 2-3)**
Der Lake Champlain reicht von der kanadischen Grenze 300 km nach Süden und verbindet Vermont mit dem Staat New York. ☼ Fähren über den bis zu 18 km breiten See, der über den Champlain-Kanal und den Hudson mit dem Atlantischen Ozean und auf der Nordseite mit dem St.-Lorenz-Strom in Kanada ver-

bunden ist, verkehren zwischen Charlotte (VT) und Essex (NY) sowie Burlington *(Abfahrt: King St. Dock, Tel. 802/864-98 04)* und Port Kent (NY). *Grand Isle* heißt die größte der Inseln im See. Die Route 2 führt von *Chimney Corner* auf dem Festland dorthin, die Route 129 weiter zur *Isle La Motte,* auf der 1666 mit Fort St. Anne die erste Siedlung Vermonts errichtet wurde. Die Inseln bezaubern mit einem Blick auf die ❧ Green Mountains im Osten und in die waldreichen Adirondacks im Westen. Angenehme Übernachtungsmöglichkeiten am Seeufer: *North Hero House* in *North Hero (26 Zi., Tel. 802/372-47 32, Fax 372-32 18, Kategorie 2–3)* und *Shore Acres Inn* im selben Ort *(23 Zi., Tel. 802/ 372-87 22, kein Fax, Kategorie 2–3).* An sportlichen Aktivitäten werden Schwimmen, Segeln, Kanufahren, Wasserski und Angeln geboten.

CONCORD

(114/C 5) Regierungssitz von New Hampshire und die zweitgrößte Stadt des Staates (35 800 Ew.), liegt im Tal des Merrimack River. Würdig strahlt das State House mit seiner vergoldeten Kuppel, umringt von den Denkmälern der wichtigsten Politiker des Staates. Concords Tribut an die Geschichte reicht noch etwas weiter. Hier wurden früher die Postkutschen gebaut, die durch den Wilden Westen brausten.

BESICHTIGUNG

Canterbury Shaker Village

★ Architektur, Wohnkultur und Gartenbau in schlichter Schönheit, so, wie es die strenggläubige Shaker-Sekte im 18. und 19. Jh. predigte. *288 Shaker Rd., Canterbury, Mai–Okt., tgl. 10–17 Uhr, Eintritt $ 9,50, Tel. 603/783-95 11*

RESTAURANT

Creamery

Neue Interpretation alter Shaker-Gerichte. Fr und Sa Dinner bei Kerzenlicht. *Shaker Rd., Canterbury, Reservierung nötig, Tel. 603/ 783-95 11, Kategorie 2*

HOTEL

Ferry Point House

Viktorianisches Haus am Lake Winnesquam, geöffnet nur Mai bis Ende Okt. *7 Zi., 100 Lower Bay Rd., Sanbornton, Tel. 603/524-00 87, Fax 524-09 59, Kategorie 2–3*

Es ist angezapft

Wie man Ahornbäume ansticht, ihren Saft gewinnt und zu Sirup verkocht, haben die weißen Siedler in Neuengland den Indianern abgeschaut. Heute produziert Vermont jedes Jahr mit 2 Millionen Litern Maple Syrup das größte Kontingent des natürlichen Süßstoffs innerhalb der USA. 150 kleine und große Farmen und Firmen, die Maple Sugarhouses, kochen hier den goldbraunen Sirup, den Amerikaner mit Genuß über Waffeln und Pfannkuchen rinnen lassen. In den meisten Betrieben sind Besucher durchaus willkommen: Sie offerieren sogar Besichtigungen.

Lake Winnipesaukee (114/C 4)

Der größte See New Hampshires – der indianische Name bedeutet »lächelndes Wasser« und ist mythologischen Ursprungs – ist Teil einer Seenplatte, die die Eiszeit hinterlassen hat. Das Gewässer weist mehr als 200 Inseln auf, hat eine Uferlinie von 290 km Länge zu bieten und wird umrankt von Dörfern aus dem 19. Jh. Der Lake Winnipesaukee läßt sich mit dem Ausflugsboot erkunden *(MS »Mount Washington«, 4 Fahrten pro Tag, ab Weirs Beach, Tel. 603/366-55 31).* Gäste können auf die antike *Winnipesaukee Railroad,* die zwischen Meredith und Laconia am Seeufer entlangfährt, umsteigen *(Tel. 603/279-52 53).* Das *Red Hill Inn (26 Zi., Route 25 B, Center Harbor, Tel. 603/279-70 01, Fax 279-70 03, Kategorie 2)* und das *Olde Orchard Inn (9 Zi., Lee Rd., Moultonborough, Tel. 603/476-50 04, Fax 476-54 19, Kategorie 2–3)* sind alte, attraktiv renovierte Übernachtungsmöglichkeiten. Weitere Adressen: *Greater Laconia Weirs Beach Chamber of Commerce, 11 Veterans Square, Laconia, Tel. 603/524-55 31 (Mo–Fr 9-17 Uhr)*

HANOVER

(114/B 4) Die Stadt am Upper Connecticut River ist bekannt durch das *Dartmouth College,* die nördlichste der sogenannten Ivy-League-Universitäten, in die privilegierte Amerikaner traditionell ihre Söhne schicken. Man trifft die Zöglinge beim Sandwich in *Old Pete's Tavern, 39 South Main St.* Südlich von Hanover liegt *Cornish,* ein stilles und bescheidenes Dorf mit gleich vier der alten, für Neuengland typischen überdachten Brücken, darunter die Cornish-Windor Covered Bridge über den Connecticut River nach Vermont, die mit 138 m Spannweite die längste ihrer Art ist. In und um Cornish ließen sich Künstler wie

Den Lake Winnipesaukee können Sie per Boot erkunden

Wer die Wahl hat, hat die Wahl

In einem Land mit 50 Staaten ist Konkurrenz unvermeidlich. Ein Beispiel: die Präsidentschafts-Vorwahlen alle vier Jahre. Ein alter Brauch will es, daß die erste Abstimmung in New Hampshire stattfindet. Er wird argwöhnisch verteidigt. Denn er sorgt für Hochbetrieb im Hotel- und Gaststättengewerbe und jede Menge Publizität. Seit man im Nachbarstaat Vermont damit liebäugelte, den eigenen Termin in die publizitätsträchtige Vorvorwahlzeit zu verlegen, haben die Nachbarn jenseits des Connecticut River ein Gesetz, das den Besitzstand wahrt: New Hampshire wählt »am Dienstag vor dem Tag, an dem irgendein anderer Neuengland-Staat eine ähnliche Abstimmung abhält«.

der Maler Maxfield Parrish und Schriftsteller wie J.D. Salinger (»Der Fänger im Roggen«) nieder.

HOTELS

The Chase House
Haus aus dem 19. Jh. am Connecticut River. *8 Zi., Route 12 A, Cornish, Tel. 603/67553 91, Fax 675-5010, Kategorie 2*

The Hanover Inn
92 Zimmer auf dem Gelände des Dartmouth College. Pool, nettes Restaurant *Zins. The Green, Main St., Hanover, Tel. 603/643-43 00, Fax 646-3744, Kategorie 1*

AUSKUNFT

Hanover Chamber of Commerce
216 Main St., Mo, Di 9–14, Mi–So 8–16.30 Uhr, Tel. 603/643-3115

ZIEL IN DER UMGEBUNG

Lake Sunapee (114/C 4)
An die Alpen (ohne Touristen und Lastwagen) erinnert der Lake Sunapee, eingerahmt von mehreren State Parks. Dampfer- und Seilbahnfahrten von Suna-

pee aus vermitteln einen faszinierenden 💫 Blick auf die rauhe Landschaft in der Mitte von New Hampshire. Das *Inn at Sunapee (Burkehaven Hill Rd., Tel. 603/ 763-44 44, Kategorie 2–3)* ist ein altes Bauernhaus mit gediegener Küche. Sport auf dem Lake Sunapee: Segeln und Windsurfen.

KILLINGTON

(114/A 4) Das größte Skigebiet östlich der Rocky Mountains verfügt über 18 Skilifte und die steilste Buckelpiste im Nordosten der USA. Im Sommer spielt man in dieser Gegend Golf und Tennis, wandert und angelt Forellen. Musikfestivals bereichern die kulturelle Palette. Von der Spitze des Mount Killington (1260 m) hat man einen herrlichen 💫 Blick über das südliche Vermont und den Green Mountain National Forest bis weit hinein nach Kanada.

RESTAURANT

Hemingways
Einfallsreiche amerikanische Küche. *Dinner Mi–So, Route 4, Tel. 802/422-38 86, Kategorie 2*

HOTEL

The Vermont Inn
Bauernhaus aus dem Jahr 1840.
Pool, Tennis. *18 Zi., Route 4, Killington, Tel. 802/775-0708, Fax 773-2440, Kategorie 1–2*

SPIEL UND SPORT

Golf
Killington Golf Course, eingebettet in Berge und Wälder. *Killington Ski Area, Killington Rd., Tel. 802/422-3333*

Ski
Die Killington Ski Area hat 205 Abfahrten. *Outer Limits* gilt als die schwierigste Piste. Lifttickets kosten $ 54,60 pro Tag *(Tel. 802/422-3333)*. Durch Killington führt eine Langlaufloipe, die Vermont von Süd nach Nord durchmißt. *Auskunft: Mountain Meadows, Tel. 802/775-7077*

AUSKUNFT

Killington and Pico Area Information
Route 4 E, Killington, Mo–Fr 9–17 Uhr, Tel. 802/773-4181

ZIEL IN DER UMGEBUNG

New England Maple Museum   **(114/B 4)**
Geschichte der Herstellung und Verarbeitung von Ahornsirup. *Route 7, Pittsford, Nov.–Mai tgl. 10 bis 16, sonst 8.30–17.30 Uhr, Eintritt $ 2,50, Tel. 802/483-9414*

MANCHESTER N.H.

(114/C 5) Mit 100 000 Ew. die größte Stadt New Hampshires und im 19. Jh. das Textilzentrum der USA. Es lockte Arbeitskräfte aus dem Nachbarland im Norden an. Sie geben heute dem Ort ein frankokanadisches Flair. Inzwischen dominieren am Merrimack River die Elektronikindustrie und die Herstellung von Papier und Leder.

BESICHTIGUNG

Currier Gallery of Art
Galerie mit einer Sammlung von mundgeblasenen Glasvasen und Fotografien aus dem 18. Jh. *201 Myrtle Way, Eintritt $ 5, Tel. 603/669-6144*

MANCHESTER VT.

(114/B 5) Seit dem 19. Jh. populärer Sommerkurort auf der Westseite der Green Mountains, der auch von der zunehmenden Attraktivität der Skigebiete *Bromley Mountain, Snow Valley* und *Stratton Mountain* profitiert. Idealer Aussichtspunkt: die Spitze des *Big Equinox Mountain* (1147 m), auf den eine Straße führt. Angeln ist ein weiterer beliebter Sport in diesem Landstrich. Im *American Museum Fly Fishing (Route 7 A, Eintritt $ 7, Tel. 802/362-3300)* sind Angelruten, Rollen und Köder berühmter Hobbyangler wie Winslow Homer und General Patton ausgestellt. Um die Kreuzung der Routes 7, 11 und 30 entstand eine Ansammlung von Outlet-Stores.

RESTAURANT

Wildflowers
Vermonter Spezialitäten in einem charmanten Inn namens *Reluctant Panther. West Rd./Route 7 A, Tel. 802/3622568, Kategorie 2*

Manchester View Motel

36 Zimmer mit Terrasse und ☙ Blick über eine Feldlandschaft. Pool, Fischen, Wanderwege. *Route 7 A, Manchester, Tel. 802/362-2739, Fax 362-2199, Kategorie 1–3*

Golf

Der *Gleneagles*-Golfplatz des noblen Equinox Hotel ist in die sanfte Hügellandschaft eingebettet. *Route 7 A, Manchester Village, Tel. 802/362-3223*

Manchester and the Mountains Chamber of Commerce

Adams Park Green, Mo–Fr 9–17, Sa 10–16, So 9–14 Uhr, Tel. 802/362-2100

Green Mountain Flyer (114/B 5)

Der Green Mountain Flyer verkehrt mit antiken Eisenbahnwagen in der Zeit von Mitte Juni bis Anfang Okt. zwischen *Bellows Falls* und *Chester*. Herrlich im Herbst. *Tgl. außer Mo, Green Mountain Railroad, Bellows Falls, Tel. 802/463-3069*

Radwandern (114/B 5)

★ Fahrradtouren von Inn zu Inn stellt *Cycle-Inn Vermont* in *Ludlow* zusammen. *Tel. 802/228-8799*

Vermont Country Store (114/B 5)

Der Vermont Country Store in Weston ist ein altmodisches Sammelsurium voller Sachen, die der Landmann (oder die Landfrau)

so braucht. *Route 100, 15 km südl. von Ludlow, Tel. 802/824-3184*

MONTPELIER

(114/B 3) Regierungssitz von Vermont und die kleinste Hauptstadt aller US-Bundesstaaten (8200 Ew.). Sehenswert: Das *Vermont Museum (109 State St., Tel. 802/828-2291)* präsentiert Vermonts Geschichte, die mit französischen Siedlern begann.

The Inn at Montpelier

Bed & Breakfast in einem Haus im Stil der Kolonialzeit im Zentrum. *19 Zi., 147 Main St., Montpelier, Tel. 802/223-2727, Fax 223-0722, Kategorie 2*

Floating Bridge (114/B 3)

Die Floating Bridge von Brookfield, eine schwimmende Holzbrücke, wurde 1821 über den Sunset Lake gebaut und kann heute noch befahren werden.

PORTSMOUTH

(115/D 5) Die Stadt an der Atlantikküste, an der Mündung des *Piscataqua River*, erinnert daran, daß der Zugang zum Meer lange ein Faktor für das wirtschaftliche Geschehen von New Hampshire war. Acht Häuser wohlhabender Kaufleute und Reeder, die im 18. und 19. Jh. gebaut wurden, kann man samt Mobiliar und Kleidungsstücken aus jener Zeit besichtigen. Ortsfremden wird der Rundgang durch den markierten *Portsmouth Trail* erleichtert. Daß sich die Erhaltung alter

Portsmouth verdankt seine Bedeutung dem Zugang zum Meer

Bausubstanz lohnt, sieht man auch in Strawbery Banke an der Marcy Street, wo 35 Häuser restauriert und teils zu einem weitläufigen Museum umgewandelt wurden. Man kann dort alte Handwerkstechniken bewundern. Der *Portsmouth Trail* verbindet die interessanten Punkte.

RESTAURANT

Oar House Restaurant
◉ Spezialitäten aus Neuengland, gute Fischsuppen. *55 Ceres St., Tel. 603/436-40 25, Kategorie 2*

HOTEL

Sise Inn
Haus im Queen-Anne-Stil aus dem Jahr 1881 mitten im Zentrum. *34 Zi., 40 Court St., Portsmouth, Tel. und Fax 603/433-12 00, Kategorie 1–2*

AUSKUNFT

Greater Portsmouth Chamber of Commerce
500 Market St., Mo–Fr 8.30–17 Sa 10–17, So 10–16 Uhr, Tel. 603/436-11 18

ZIEL IN DER UMGEBUNG

Isles of Shoals   (115/D 5)
Um die neun felsigen Isles of Shoals ranken sich Geschichten von Piraten und gesunkenen Schiffen. Touren: *New Hampshire Seacoast Cruises, Rye Harbor State Marina, Route 1 A, Rye, Tel. 603/964-55 45,* und *Isles of Shoals Steamship Co., 315 Market St., Portsmouth, Tel. 603/431-55 00*

ST. JOHNSBURY

(114/C 2–3) Die Collegestadt ist Ausgangspunkt für die Reise ins Northeast Kingdom im Nordosten von Vermont, eine Landschaft endloser Ahornwälder. Allerhand Wissenswertes über Ahornsirup, der Frühstücksgerichte wie Waffeln und Toast versüßt, vermittelt das *Original Maple Grove Museum & Factory (Eintritt $ 1, Route 2, St. Johnsbury, Tel. 802/748-51 41).*

HOTEL

Rabbit Hill Inn
Romantische Gemütlichkeit und ideenreiche amerikanische

Küche. *21 Zi., Route 18, Lower Waterford, Tel. 802/748-5168, Fax 748-83 42, Kategorie 1 (inklusive Halbpension)*

Northeast Kingdom Chamber of Commerce
357 Western Av., Mo–Fr 8.30–17 Uhr, Tel. 802/748-36 78, im Sommer zusätzlicher Informationsstand in der Main St.

STOWE

(114/B 3) Wintersportort und Sommerfrische am Fuß des *Mount Mansfield,* des mit 1320 m höchsten Punkts in Vermont (Gondelbahn zum Gipfel). Nördlich von Stowe führt die Route 108 durch ☙ *Smuggler's Notch,* wo Kliffe und Felsen so dicht beieinander stehen, daß sie Schmugglern einst einen geschützten Fluchtweg nach Kanada boten.

Season's Dining Room
Im *Stowehof Inn* serviert man in Tiroler Atmosphäre amerikanische Gerichte. Frühstück und Dinner. *Edson Hill Rd., Tel. 802/253-97 22, Kategorie 2*

Trapp Family Lodge
Das nach einem Brand wieder aufgebaute Familienhotel der durch einen Hollywood-Film berühmt gewordenen singenden Trapp-Familie. Skihüttengemütlichkeit, Tennis, Pool. *93 Zi., Trapp Hill Rd., Stowe, Tel. 802/253-85 11, Fax 253-5740, Kategorie 1–2*

Golf
Der *Stowe Country Club* (Tel. 802/253-48 93) und der *Copley Country Club* (Morrisville, Tel. 802/888-3013) gehören zu den schönen Plätzen der Gegend.

Rutschbahn
Die fast 800 m lange *Alpine Slide* am *Spruce Peak (Tel. 802/253-3000)* begeistert Kinder jeden Alters.

Ski
45 Abfahrten, darunter die besonders schwierigen National, Liftline, Starr und Goat. Ein Liftticket kostet $ 52. Langläufern bietet Stowe 30 km Loipen.

Stowe Area Association
Main St., Tel. 802/253-73 21, Mo bis Fr 9–18, im Sommer auch Sa, So 9–17 Uhr

WHITE MOUNTAINS

(114/C 3) ★ ☙ *Mount Washington,* der die White Mountains überragende Berg, ist mit 1917 m die höchste Erhebung östlich des Mississippi. Man kann auf einer *Straße (nicht ohne Tücken, $ 16 für Auto und Fahrer)* in 13 km langen engen Serpentinen ohne Leitplanken mit dem Auto bis auf den Gipfel fahren, mit der 1869 vollendeten *ersten Zahnradbahn der Welt ($ 44)* den Gipfel erklimmen oder auch zu Fuß den Anstieg meistern. Oben erwarten den Besucher arktische Tundra, eine 100 km weite Sicht über die *Presidential Range* und oft stürmischer Wind. Ein Abstecher in das gerade renovierte *Mount Washington Hotel* in *Bretton Woods* illustriert, daß New Hampshire seit vielen Generationen Sommerfrische war. Bis zu 50 Eisenbahnzüge pro Tag brachten Anfang des 20. Jhs. reiche Industrielle in Privatwaggons in das Gebiet, in dem Indianer den Großen Geist vermuteten. Bretton Woods wurde 1944 als Tagungsort des Weltwährungsfonds IWF berühmt, als hier das System fester Wechselkurse und der Dollar als internationale Leitwährung vereinbart wurden.

Der 50 km lange ❄ *Kancamagus Highway* (*Route 112*) zwischen Lincoln und Conway ist eine der spektakulären Strecken für den, der im Herbst den *Indian Summer* erleben will.

Franconia Notch bietet den Blick auf einen dramatisch geformten ❄ Einschnitt in die Gebirgswelt mit dem *Old Man of the Mountains,* einer Steinformation, die wie ein Kopf aussieht, als Höhepunkt. In *North Conway,* dem Mekka der sogenannten *Outlet Stores,* reiht sich in der Main St. ein Geschäft ans andere.

Franconia Inn

Das Gasthaus besteht bereits seit 150 Jahren. Pool, Tennis. Gutes Restaurant. *35 Zi., Easton Rd./ Route 116, Franconia, Tel. 603/ 823-55 42, Fax 823-80 78, Kategorie 1–2*

Mount Washington Valley Chamber of Commerce

Main St., North Conway, Mo–Sa 9–17 Uhr, Tel. 603/356-31 71, Infostand am Bahnhof: tgl. 10–20 Uhr

Spektakulär ist eine Fahrt durch die White Mountains

Vorsicht, kidnappende Ufos

Lancaster mitten in den White Mountains von New Hampshire darf für sich in Anspruch nehmen, Schauplatz eines der unglaublichsten Ereignisse gewesen zu sein, die man sich vorstellen kann: der Entführung durch eine Ufo-Besatzung. Barney und Betty Hill waren im September 1961 auf dem Weg von Kanada nach Portsmouth, als sie auf der Route 3 verfolgt und angeblich von kleinen Männern gekidnappt wurden, die wie der amerikanische Komiker Bob Hope aussahen. Die Hills wurden bewußtlos und fanden sich später in der Nähe von Concord wieder. Ihr Abenteuer wurde 1975 verfilmt.

WOODSTOCK

(114/B 4) ★ Typisches Neuengland-Städtchen mit *covered bridge, Green* und gut erhaltenen Häusern im Süden Vermonts. Das *Dana House (26 Elm St., Eintritt $ 1, Tel. 802/457-18 22)* präsentiert sich mit wertvollen Möbeln aus dem 18. und 19. Jh. In *Billings Farm and Museum (Route 12, Eintritt $ 7, 2 km nördlich von Woodstock, Tel. 802/457-23 55)* kann man einen historischen Bauernhof besichtigen. Das *Vermont Institute of Natural Science (Church Hill Rd., Tel. 802/457-27 79)* zeigt in einem Minizoo Eulen, Falken und Adler aus dem Norden Neuenglands.

RESTAURANT

The Prince and the Pauper

Französisch gefärbte Vermonter Küche. Besonderheit: gute hausgemachte Würste. *24 Elm St., Tel. 802/457-18 18, Kategorie 2*

HOTEL

The Woodstock Inn & Resort

Am *Green* mitten in Woodstock. Pool, Golf, 10 Tennisplätze. *144 Zi., 14 The Green, Woodstock, Tel.* *802/457-11 00, Fax 457-66 99, Kategorie 1*

AUSKUNFT

Woodstock Area Chamber of Commerce

18 Central St., Mo–Fr 9.30–17.30 Uhr, Tel. 802/457-35 55, im Sommer Information Booth am Green, tgl. 8.30–17.30 Uhr, Tel. 802/457-10 42

ZIEL IN DER UMGEBUNG

Quechee Gorge (114/B 4)

〰 Hier hat sich der Ottauquechee River 55 m tief in die Felsen geschnitten. Ein beeindruckendes Naturspektakel. Anfahrt via Route 4. Es gibt mehrere nette Übernachtungsmöglichkeiten in Quechee: *Quechee Inn at Marshland Farm* (mit einem charmanten ländlich-eleganten Restaurant; *24 Zi., Clubhouse Rd., Tel. 802/295-31 33, Fax 295-65 87, Kategorie 1*) und *Quechee Bed & Breakfast (8 Zi., Route 4, Tel. 802/295-17 76, kein Fax, Kategorie 2*). Essen können Sie am besten im *Simon Pearce Restaurant (Main Street, Quechee, Kategorie 2*) in einer schönen alten Mühle, die zu einem Glasbläserbetrieb umgewandelt wurde.

Das Land der Leuchttürme und der Einsamkeit

Eine schroffe Meeresküste, Inseln, Berge, klare Flüsse und Binnenseen locken seit jeher Sommerfrischler

Rein geographisch betrachtet nimmt Maine, der Nordostzipfel der USA, die Hälfte von Neuengland ein. Doch diese Tatsache überbewertet die Rolle des Staates ein wenig. Denn das Gebiet an der Grenze zu Kanada ist ein weites und sehr einsames Land mit nur 1,2 Millionen Einwohnern, zudem ist es zu 83 Prozent mit dichtem Kiefernwald bewachsen. Die abwechslungsreiche felsige Küste, die sich – in der Luftlinie nur 360 km lang – über Tausende Kilometer an zerfurchten Buchten und Flußmündungen entlangwindet, bietet ohne Zweifel die Höhepunkte des dünn besiedelten Staats, der nicht erst seit der Präsidentschaft von George Bush – er hat sein Sommerhaus in Kennebunkport – von wohlhabenden Sommergästen geschätzt wird.

Es ist das Meer, das Maine sein schroffes Gesicht gegeben hat.

Entlang der Küste weisen Leuchttürme den Weg

Und es ist das Meer, dessen Wasser im Sommer gerade einmal 16 Grad warm wird, das eines von Maines berühmten Produkten liefert: ★ Hummer, in Amerika *lobster* genannt.

Viele der alten und reizvollen Fischerdörfer von York an der Grenze zu New Hampshire bis zur Cobscook Bay nahe der kanadischen Provinz New Brunswick bieten diese Delikatesse. Mag sie andernorts teuer gehandelt werden – hier bekommt man sie zu sehr zivilen Preisen.

Die Küste, die man in die Abschnitte *South Coast* (vom Piscataqua River bis Portland), *Midcoast* (bis zur Penobsot Bay) und *Downeast Coast* einteilt, und die 2000 vorgelagerten Inseln trotzen Wind und Wetter und präsentieren die schönste Sammlung an Leuchttürmen, die in den USA zu finden sind. Höhepunkt jeder Maine-Reise: der Küstenstreifen mit dem *Acadia National Park* und seinen buckligen roten Bergen auf *Mount Desert Island*.

Der Acadia National Park existiert seit 1919 als Naturschutzgebiet

Im Inland, in der *Lakes and Mountains Region,* die an New Hampshire heranreicht, und im *Aroostock County,* ist an Wasser ebenfalls kein Mangel. 6000 Seen und endlose Flüsse gehören den Forellen und Anglern, die Kiefernwälder drum herum Elchen, Holzfällern und Jägern.

Maines Städte sind vergleichsweise klein. Portland, die größte, hat nur 61 000 Einwohner. Sie dient wie die Hauptstadt Augusta, wie Bangor, Waterville oder Presque Isle mit Schulen, Banken, Geschäften und Behörden als Verwaltungszentrum.

Franzosen waren – nach den Wikingern – die ersten Europäer in diesem Teil Amerikas. Sie benannten Maine nach einer Region in Mittelfrankreich. Jahrzehntelang war das Territorium zwischen Frankreich und Großbritannien umstritten. Maine wurde schließlich 1677 von der Kolonie Massachusetts gekauft und 1820 als selbständiger Staat in die Union aufgenommen.

Maine wird im Juli und August besonders stark frequen-

tiert, weshalb es angeraten ist, sich bei der Suche nach Unterkünften vom *Maine Guide to Inns and B&B* (ihn verschickt das Maine Publicity Bureau) helfen zu lassen.

ACADIA NATIONAL PARK

(113/E6) ⭐ Der einzige National Park des amerikanischen Nordostens existiert seit 1919 als 150 qkm große Schutzzone für eine prachtvolle Felsen- und Klifflandschaft. Sie erstreckt sich über Mount Desert Island, die Schoodic-Halbinsel auf dem Festland und die kleine Isle au Haut. Bis zu 460 m hohe Berge wie der Mount Cadillac und steil abfallende Felsen überragen verschlafene Buchten und sind Heimat für Wildblumen, Vögel und Säugetiere. Eine 45 km lange Straße, *der Park Loop (Beginn 7 km nördlich von Bar Harbor an der Route 3),* gewährt bequemen Zugang. Empfehlenswert ist die Erkundung zu Fuß, per Pferde-

MAINE

kutsche oder Fahrrad. Eine faszinierende Alternative hierzu: ein Trip auf dem an dieser Stelle vergleichsweise zahmen Atlantik mit dem Kanu oder Kajak. Den besten ❧ Blick auf den alljährlich von 3 Mio. Menschen besuchten National Park hat man von außerhalb – von den Halbinseln *Blue Hill* und *Hancock.*

RESTAURANT

Jordan Pond House
Rustikaler Stil mit Blick auf *Jordan Teich.* Fischspezialitäten. Im Sommer unbedingt reservieren. *Park Loop Rd., Tel. 207/276-3316, Kategorie 2*

SPIEL UND SPORT

Fahrräder
Bar Harbor Bicycle Shop, 141 Cottage St., Bar Harbor, Tel. 207/288-3886, und *Southwest Cycle, 370 Main St., Southwest Harbor, Tel. 207/244-5856*

Kanu
Acadia Outfitters (106 Cottage St., Bar Harbor, Tel. 207/288-8118)

vermietet Kajaks auch mit Führer. Ebenso: *National Park Canoe Rentals (Long Pond Inn, Tel. 207/244-5854)*

Pferdekutschen
Wildwood Stables, Park Loop Rd., Tel. 207/276-3622

AUSKUNFT

Acadia National Park Visitors Center
Hulls Cove, Tel. 207/288-3338, Mai–Okt. tgl. 8–16.30, im Sommer bis 18 Uhr

ZIEL IN DER UMGEBUNG

Isle au Haut (113/D 6)
Die kleine Isle au Haut eignet sich gut für einen Tagesausflug zu Fuß. Es gibt Wanderwege, einsame Küstenabschnitte, eine alte Zwergschule und einen General Store zu entdecken. *Boot ab ❧ Stonington (Deer Isle), Tel. 207/367-5193.* Romantisches Wohnen: *The Keeper's House Inn* im ehemaligen Leuchtturm der Insel *(Tel. 207/367-2261, kein Fax, Kategorie 1 mit drei Mahlzeiten).*

MARCO POLO TIPS FÜR MAINE

1 Acadia National Park
Rosa Gebirgsbuckel und andere Naturspektakel (Seite 76)

2 Chebeague Island
Ein Geheimtip am Ende der Welt (Seite 83)

3 Freeport
L.L. Bean macht's möglich: Shopping mitten in der Nacht (Seite 81)

4 Hummer
Frisch aus dem Lobster Pound (Seite 75)

5 Monhegan Island
Erholung abseits der Touristenschwärme (Seite 79)

6 Stonington auf der Deer Isle
Fischerdorf im alten Stil (Seite 80)

BAR HARBOR

(113/E6) Der größte Ort auf Mount Desert Island, das seinen Namen dem französischen Forscher Samuel de Champlain verdankt, der die Insel mit ihren kahlen Bergkuppen 1604 entdeckte. In den letzten Jahren des 19. Jhs. war Bar Harbor wegen angenehmer Temperaturen und der herben Schönheit der Natur eines der Ferienzentren von Amerikas reichen Familien wie Rockefeller und Astor. Hölzerne Villen jeden Stils mit bis zu 30 Zimmern waren keine Seltenheit. Ein Feuer zerstörte 1947 viele dieser Sommerpaläste. In der *Bar Harbor Historical Society (33 Ledgelawn Av., Tel. 207/288-00 00)* kann man Fotos aus der Glanzzeit des Orts betrachten. Auch interessant: der ↘ Blick vom Cadillac Mountain.

RESTAURANT

The Burning Tree
Geführt von einer Fischerfamilie. *Route 3, Otter Creek, Tel. 207/288-93 31, Kategorie 2*

George's
Romantisch. *7 Stephen's Lane, Tel. 207/288-45 05, Kategorie 2*

HOTELS

The Ledgelawn Inn
Ehemaliges Haus eines reichen Bostoners. *36 Zi., 66 Mount Desert St., Bar Harbor, Tel. 207/288-45 96, Fax 288-55 34, Kategorie 1*

Mira Monte Inn
13 Zimmer und 3 Suiten mit Balkon, Kamin und Gartenanlage. *69 Mount Desert St., Bar Harbor,* *Tel. 207/288-42 63, Fax 288-31 15, Kategorie 1–2*

AUSKUNFT

Bar Harbor Chamber of Commerce
93 Cottage St., Tel. 207/288-51 03, im Sommer Mo–Fr 8–18 Uhr

ZIELE IN DER UMGEBUNG

Bass Harbor, Northeast Harbor, Seal Harbor und Southwest Harbor **(113/E6)**
Wer die Romantik der Fischer und Hummerfischer sucht, findet sie in den Inselstädtchen Seal Harbor, Northeast Harbor, Southwest Harbor und Bass Harbor. Auch dort zeugen alte Grandhotels wie das *Asticou Inn* in *Northeast Harbor (45 Zi., Route 3, Tel. 207/276-33 44, Fax 276-33 73, Kategorie 1)* von altem Glanz. Erschwinglicher ist das *Bass Harbor Inn (Shore Rd., Tel. 207/244-51 57, kein Fax, Kategorie 2–3).*

BOOTHBAY HARBOR

(115/E3) Das ehemalige Fischerstädtchen wurde durch etliche Boutiquen, Galerien und Restaurants (den besten ↘ Blick auf den Hafen bietet *Andrew's Harborside, 8 Bridge St.)* zu einem hübschen Refugium für Touristen. Allen Verschönerungen zum Trotz riecht es immer noch angenehm urtümlich nach Meer und Fisch.

BESICHTIGUNG

Boothbay Railway Village
Ein nachgebautes Neuengland-Dorf der Jahrhundertwende mit einem Museum mit 50 alten Autos. *Route 27, 2 km nördlich von*

Boothbay, Mitte Juni–Mitte Okt., Eintritt $ 7, Tel. 207/633-4727

HOTEL

The Howard House
Gehobener Motelstil. Ruhig. *14 Zi., Townsend Av./Route 27, Boothbay Harbor, Tel. 207/633-3933, Fax 633-6244, Kategorie 3*

SPIEL UND SPORT

Die Piers sind Ausgangspunkt für Bootsfahrten und Segeltouren zu den kleinen Inseln vor der Küste. *Captain Bob Fish (Pier 1, Tel. 207/633-2626)* fährt zu Seehunden und Walen und macht eine Leuchtturmtour. Ebenfalls den Ausflug wert: *Clambake Cruises* nach *Cabbage Island (Pier 6, Tel. 207/633-7200).*

AUSKUNFT

Boothbay Harbor Region Chamber of Commerce
Route 27, Mo–Fr 9–17 Uhr, Tel. 207/633-2353; im Sommer tgl. 9 bis 17 Uhr Infostand an der Kreuzung Route 1/Route 27

ZIEL IN DER UMGEBUNG

Monhegan Island **(115/F3)**
★ Von Boothbay Harbor startet eine Fähre nach *Monhegan Island (Pier 8, Tel. 207/633-2284).* Vor den steilen Kliffen der Insel segelten portugiesische und bretonische Fischer, noch bevor Kolumbus Amerika erreichte. Das *Monhegan Museum* im Leuchtturm gibt einen Überblick über die Geschichte der Insel. Das *Island Inn (34 Zi., Tel. 207/596-0371, Fax 594-5517, Kategorie 1–2)* liefert einen ☀ Blick über den Hafen und einen romantischen Hintergrund für die Übernachtung auf einer gepflegten Felseninsel ohne Autos. *Andere Überfahrtmöglichkeit: von Port Clyde*

CAMDEN

(115/F2) Hier treffen die bis zu 400 m hohen Ausläufer der Camden Hills auf den Atlantik. Der Ort ist Ausgangspunkt für die Erkundung der Häfen und Inseln in der *Penobscot Bay* und Anlegestelle für viele der Ausflugs-Windjammer. Shops und Restaurants finden sich in der Main St. und der Bayview St.

Verträumt: der Hafen von Camden

RESTAURANT

Whitehall Inn
Phantasievolle Fischgerichte. *52 High St./Route 1, Dinner Mitte Juni–Mitte Okt., Tel. 207/236-3391, Kategorie 2*

HOTEL

Camden Harbor Inn
Früher Unterkunft für Schiffspassagiere. Sterne-Restaurant mit

Pfahlbauten am Strand haben in Neuengland eine lange Tradition

Fischspezialitäten. *22 Zi., 83 Bayview St., Camden, Tel. 207/236-4200, Fax 236-7063, Kategorie 1*

SPIEL UND SPORT

Segeltörns

Der Schoner »Mary Day« segelt mit bis zu 30 Passagieren 3, 4 oder 6 Tage vor der Küste. *P.O. Box 798, Camden, Tel. 207/785-5670.*

AUSKUNFT

Rockport-Camden-Lincolnville Chamber of Commerce

Commercial St./Public Landing, Camden, Tel. 207/236-4404, Mo bis Fr 9–17, im Sommer auch Sa 10–17 und So 12–16 Uhr

ZIEL IN DER UMGEBUNG

Islesboro Island **(115/F 2)**

Auf der Insel Islesboro bauten reiche Familien, die etwas Abgeschiedenheit suchten, seit Generationen ihre ausladenden Ferienhäuser. Am besten erkundet man die Insel mit dem Rad (zu mieten: *Maine Sport, Route 1, 3 km südlich von Camden, Tel. 207/*

236-8797). ⚓ Fähre: *Maine State Ferry Service, Lincolnville Beach, Tel. 207/789-5611*

Rockland **(115/F 3)**

Im *Farnsworth Art Museum* finden sich Gemälde einer Künstlerfamilie aus Maine: N.C., Andrew und Jamie Wyeth. *356 Main St., Eintritt $ 8, Tel. 207/596-6457*

Tenants Harbor **(115/F 3)**

Die Route 131 führt in einen typischen Maine-Hafen, der noch von Hummerfischern und nicht von T-Shirt-Läden bestimmt wird: Tenants Harbor.

DEER ISLE

(113/D 6) Die dem Festland vorgelagerte Insel ist über eine Brücke zu erreichen und auf beiden Seiten der Penobscot Bay und der Blue Hill Bay von Hunderten mit dunkelgrünen Tannen bestandenen kleinen Inseln umgeben. Besonders schön ist der Blick vom ⚓ *Caterpillar Hill (2 km südlich der Kreuzung von Route 15 und Route 175).* ★ *Stonington* ist immer noch Hafen für viele Fischerboote, aber die Main St. hat sich bereits in eine belebte Geschäftsstraße verwandelt.

RESTAURANT

Fisherman's Friend

◉ Einfaches Fischrestaurant, gut und preiswert. Keine Kreditkarten. *School St., Stonington, Tel. 207/367-2442, Kategorie 3*

HOTEL

Pilgrim's Inn

200 Jahre altes Inn. Gemütliches Restaurant – unbedingt reservie-

ren! *15 Zi., Deer Isle, Tel. 207/348-6615, Fax 348-7769, Kategorie 1*

AUSKUNFT

Deer Isle-Stonington Chamber of Commerce
Route 15, Little Deer Isle, Mo–Fr 9–16 Uhr, Tel. 207/348-6124

FREEPORT

(115/E3) ★ Die Shopping-Hauptstadt von Maine, berühmt in ganz Amerika, seit das Versandhaus *L. L. Bean* ein Geschäft eröffnete, in dem man rund um die Uhr auf die Jagd nach Freizeitkleidung sowie Jagd-, Wander- und Anglerzubehör gehen kann *(Main St./Route 1, Tel. 207/865-4761)*. Inzwischen haben rund 100 weitere Läden an der Main St. und der Bow St. aufgemacht.

HOTEL

The Harraseeket Inn
Ehemaliges Bauernhaus, dessen 84 Zimmer mit Antiquitäten möbliert sind. Erstklassiges Restaurant und Bar. *162 Main St., Freeport, Tel. 207/865-9377, Fax 865-1684, Kategorie 1*

KENNEBUNKPORT

(115/E4) Traditioneller Badeort und Feriendomizil von Ex-US-Präsident George Bush *(Haus am Walker's Point)*. *Dock Square* ist das Zentrum des im Sommer geschäftigen Städtchens mit Galerien und Läden. *Kapitänshäuser* aus dem 19. Jh. und die Residenzen wohlhabender Sommergäste schmücken die Maine, die Pearl und die Green St. Im *Seashore Trolley Museum (Log Cabin*

Rd., Tel. 207/967-2712) befindet sich die größte Sammlung von Trolleybus-Wagen der Welt.

RESTAURANT

Mabel's Lobster Claw
❖ Mabel's mit Jakobsmuscheln gefüllte Hummer gelten als Lieblingsgericht von Ex-Präsident George Bush. *124 Ocean Av., Tel. 207/967-2562, Kategorie 2*

HOTELS

Captain Jefferds Inn
Kapitänshaus von 1804. *15 Zi., Pearl St., Kennebunkport, Tel. 207/967-2311, Fax 967-0721, Kategorie 1–2*

The Ocean View
Mit 〰 Blick aufs Meer. *9 Zi., 171 Beach Av., Kennebunk Beach, Tel. 207/967-2750, Fax 967-5418, Kategorie 1–2*

AUSKUNFT

Kennebunk-Kennebunkport Chamber of Commerce
17 Western Av., Mo–Fr 9–17, im Sommer auch Sa, So 10–14 Uhr, Tel. 207/967-0857

MOOSEHEAD LAKE

(112/C4) Am Südende des größten Sees in Maine mit seiner Uferlinie von 600 km und einer Form, die Kopf und Schaufel eines Elchs *(moose)* ähnelt, liegt *Greenville* – Ausgangspunkt für etliche sportliche Aktivitäten: Floß- und Schlauchbootfahrten auf dem *Moosehead Lake,* auf dem *Penobscot* und dem *Allagash River,* Angeln (Lachs, Forellen) von Mai bis Sept., Jagd auf Fasane,

Bären, Elche im Nov. und Dez. *Ortskundige Führer werden von Sportgeschäften vermittelt.*

HOTEL

Greenville Inn
Ehemaliges Domizil von Holzbaronen mit Blick auf den See. Restaurant mit österreichisch inspirierter Küche. *9 Zi., Norris St., Greenville, Tel. 207/695-22 06, Fax 695-03 35, Kategorie 1–2*

SPIEL UND SPORT

Fischen
Maine Guide Fly Shop, Main St., Tel. 207/6952 66

Kanu
Allagash Canoe Trips, Pleasant St., Tel. 207/695-36 68

AUSKUNFT

Moosehead Lake Region Chamber of Commerce
Route 15, Greenville, tgl. 9–17, im Winter Mo–Fr 10–16 Uhr, Tel. 207/695-2702

ZIEL IN DER UMGEBUNG

Baxter State Park (112–113/C–D 3)
Das Naturschutzgebiet umringt den 1600 m hohen *Mount Katahdin,* Maines höchsten Berg, und den Anfang des 3477 km langen Wanderwegs *Appalachian Trail* (er endet in Georgia). Die Erhebung bezeichneten die Indianer als »Gott mit dem Kopf in den Wolken«. Die ursprüngliche Landschaft sieht, wie der amerikanische Schriftsteller Henri Thoreau schrieb, so aus, als ob es Felsen geregnet hätte. *Tel. 207/723-5140*

OGUNQUIT

(115/D 4) Einst unter den Indianern bekannt als »schöner Ort am Wasser«, ist das Städtchen seit den 80er Jahren des 19. Jhs. Seekurort und Künstlerkolonie. Das *Museum of Art* liegt in Strandnähe *(Shore Rd., Tel. 207/646-4909)* und hat einen Skulpturengarten mit Blick aufs Meer. *Bald Head Cliff* offeriert einen Blick auf die Küste, besonders romantisch bei schwerem Wetter. Gute Hummer im *Ogunquit Lobster Pond* und im *Arrows.*

HOTEL

The Terrace by the Sea
Gehobener Motelstil. Blick aufs Meer. *36 Zi., 11 Wharf Lane, Ogunquit, ME 03907, Tel. 207/646-3232, kein Fax, Kategorie 2*

SPIEL UND SPORT

Hummerfischen
Ein Hummerfischer demonstriert auf See, wie die Krustentiere gefangen werden. *Finestkind Cruises, Perkins Cove, Tel. 207/646-5227*

AUSKUNFT

Ogunquit Information Center
Route 1, im Sommer tgl. 9–17 Uhr, Tel. 207/646-5533

PORTLAND

(115/E 4) Die Hafenstadt hat sich zum kulturellen und wirtschaftlichen Zentrum des Staats entwickelt, obwohl sie dreimal fast komplett zerstört wurde: im 17. Jh. von den Indianern, im 18. Jh. von den Kanonen der Engländer und im 19. von einer Feuersbrunst. Portland, das fast 200 km näher an Europa liegt als jeder andere amerikanische Hafen für seegängige Schiffe, wird gerade erst ins 20. Jh. geholt. Lagerhäuser und Büros am Hafen wurden mit Geschäften und Restaurants wiederbelebt.

MUSEUM

Portland Museum of Art
Amerikanische Meister von Winslow Homer bis Andrew Wyeth in einem modernen Bau des berühmten Architekten I. M. Pei. *7 Congress Square, Mo, Di, Do, Sa, So 10–17, Mi, Fr 10–21 Uhr, Eintritt $ 6, Tel. 207/775-6148*

HOTEL

Portland Regency Inn
Liegt inmitten der Old Port Exchange. *95 Zi., 20 Milk St., Portland, Tel. 207/774-4200, Fax 775-2150, Kategorie 1*

SPIEL UND SPORT

Am Portland und am State Pier legen Fähren und Ausflugsschiffe ab. Die ⚲ *Casco Bay Lines (Tel. 207/774-7871)* setzen zu den 140 Calendar Islands über, darunter zu *Peaks Island. Eagle Island,* Wohnsitz des Nordpolforschers Robert E. Peary, ist Ziel einer 4stündigen Tour der »Kristy K.« *(Long Wharf, Tel. 207/774-6498).*

AUSKUNFT

Visitors Information Center
305 Commercial St., Tel. 207/772-5800, Mo–Sa 8–18, So 10–18 (im Sommer), Mo–Fr 8–17, Sa, So 10–15 Uhr (im Winter)

ZIEL IN DER UMGEBUNG

Chebeague Island (115/E 3)
★ ⚲ Eine Stunde vom Festland entfernt (via *Casco Bay Lines, Commercial St.*). Die 8 km lange wildromantische Insel hat Sand- und Felsstrand, einen *9-Löcher-Golfplatz* und das ✪ *Chebeague Island Inn,* in dessen Pub sich abends die Inselbewohner zum Bier treffen *(21 Zi., Box 492, Chebeague Island, Tel. 207/846-5155, Fax 846-4265).*

YORK

(115/D 5) York Village ist wegen seiner intakten Straßenzüge aus dem 18. und 19. Jh. einen Abstecher wert. Besuchen Sie auch den alten *Leuchtturm* von Cape Neddick am Ende von York Beach!

BESICHTIGUNG

York Historical Society
Ein Gefängnis von 1720 und sechs Wohnhäuser sind zu einem Museum zusammengefaßt. *Tickets in Gaffard's Tavern, Lindsay Rd., Mitte Juni–Mitte Sept., Di bis Sa 10–16 Uhr, Eintritt $ 7, Tel. 207/363-4974*

HOTEL

Dockside Guest Quarters
Auf einer Insel in York Harbor. *25 Zi., Harris Island Rd., York, Tel. 207/363-2868, Fax 363-1977, Kategorie 1–3*

AUSKUNFT

The Yorks Chamber of Commerce
Route 1, York, Tel. 207/363-4422, im Sommer tgl. 9–17, im Winter Mo–Fr 10–16 Uhr

Tummelplatz für New Yorks Society

*Die »Lange Insel«: leere Strände, sanfte Brandung
und ein Hauch von Exklusivität*

Auch wenn sie politisch zum Staat New York gehört und geographisch nicht ganz zu Neuengland paßt – die »Lange Insel«, die wie ein schmaler Finger von Manhattan aus nach Nordosten zeigt, hat viel mit ihren Festlandsnachbarn in Neuengland gemein. Das beginnt bereits mit der Vergangenheit in Fischerei und Walfang und reicht über den Sinn für Traditionspflege und Dorfgemütlichkeit bis hin zur artverwandten Architektur und einem beträchtlichen Aufgebot an Kultur. Long Islands Hauptattraktion allerdings sind lange und erstaunlich leere Strände mit sachter Atlantikbrandung.

Das Flair von reichen Bewohnern mit prächtigen Holzhäusern, gepflegten Gärten und exklusiven Clubs für Polo, Springreiten und Golf stellt sich ganz besonders am Ende der Südseite ein, an der South Fork zwischen Westhampton und Montauk. Seit 1870, als die Long Island Railroad die Insel auf dem Schie-

Hier treffen sich New Yorker am Wochenende: Southampton

nenweg als Naherholungsgebiet der New Yorker erschloß, hält sich die Faszination der flachen Landschaft mit ihren ehemaligen Kartoffelfeldern und der im Sommer vom Meer gekühlten Brise – eine liebenswürdige Abwechslung zum Trubel und Getöse in der City.

Die Strände sind, wie überall in Amerika, öffentlich. Autofahrer müssen jedoch hohe Parkgebühren zahlen. Das ist ein Grund, weshalb sich das Fahrrad auf Long Island als ideales Verkehrsmittel etabliert hat. Der andere: Man sieht im Radeltempo mehr von den schönen alten Häusern und gepflegten Gärten.

Reiche New Yorker setzten schon gegen Ende des 19. Jhs. die ersten Holzpaläste mit ihren grauen Schindeln und weißen Säulen, Bögen und Türmen in die damals noch einsame Dünenlandschaft. Man spielte auf makellosem Rasen Croquet, trank Eistee und genoß im weißen Korbsessel auf der Veranda die Brise vom Atlantik.

Inzwischen haen die alten Villen neue Nachbarn. Gebaut wird ohne jede stilistische Linie. So

85

findet man kleine, der Tradition verpflichtete *Saltbox*-Holzhäuser neben mächtigen klassizistischen Villen mit Säulenportal sowie zeitgenössischen Wohnskulpturen einfallsreicher Architekten.

Übrigens: Wenn New Yorker von Long Island sprechen, meinen sie die Hamptons. Und eine ganz bestimmte gesellschaftliche Schicht: eine eigenwillige Mischung aus Geld und Geschmack, Glamour und Understatement, die an europäische Seebäder und Sommerfrische erinnert. Was gerade wo los ist, erfährt man im »East Hampton Star«, in »Dan's Paper«, im »Hampton's Magazine« und auch in der Zeitschrift »Hampton Country«.

Die Saison beginnt traditionell am Memorial Day (letzter Montag im Mai) und währt bis zum Labor Day (erster Montag im September). Während dieser Zeit sind die Hauptzufahrtsstraßen (Long Island Expressway = I-495 und Route 27, genannt Sunrise Highway) stark befahren, liegen die Übernachtungspreise 40 Prozent über normal und verlangen die meisten Inns einen Mindestaufenthalt von zwei, wenn nicht drei Tagen.

★ Die beste Alternative ist ein Besuch nach dem großen Ansturm, wenn es nach Kartoffelfeuer und Herbst riecht und die Einheimischen wieder unter sich sind. (Nachts schon relativ kühl!)

Von New York aus gelangen Sie bequem per Bus in die Hamptons: *Hampton Jitney, Reservierung unter Tel. 800/936-04 40 oder 516/283-46 00. Abfahrt an der 40th St. zwischen Lexington und Third Av., an der 59th oder 69th St. Ecke Lexington Av. oder an der 86th St. zwischen 3rd und Lexington Av. (§ 22).* Das beste Verkehrsmittel vor Ort: ein Fahrrad.

BRIDGEHAMPTON

(116/C 5) Auf der Hauptstraße spaziert man von einem Antiquitätengeschäft zum nächsten. Beliebter Treffpunkt alteingesessener Long Islander ist der *Sagpond General Store* – besonders am Morgen, beim Abholen der täglichen Pflichtlektüre, der »New York Times«, sieht man sie hier mit einem Pappbecher Kaffee in der Hand. Nicht versäumen: den Besuch bei *Sagpond Vineyards (139 Sagg Rd., Tel. 516/537-51 06)*, wo der Hamburger Gutsbesitzer Christian Wölffer und der badische Kellermeister Roman Roth hervorragende Chardonnays und Merlots produzieren. Weinproben sind kostenlos.

RESTAURANTS

Alison By The Beach
Ableger eines eleganten Manhattan-Bistros mit französischer Küche und einer besonders guten Bouillabaisse. *Montauk Highway (Townline St.), Tel. 516/537-71 00, Kategorie 1–2*

The Candy Kitchen
Diner für Hampton-Familien. Vorzügliche Hamburger. *Montauk Highway, Tel. 516/537-98 85, Kategorie 3*

95 School Street
Die biologisch-dynamischen Zutaten kommen von den Züchtern und Farmern aus der Gegend. Hervorragend: der Hummer mit Basilikumpüree. *School St., Tel. 516/537-55 55, Kategorie 1–2*

MARCO POLO TIPS FÜR LONG ISLAND

1 **Herbst auf Long Island**
Es riecht nach Nebel und
Kartoffelfeuer (Seite 86)

2 **Hummer oder
Thunfischsteak**
Am liebsten bei Gosman's
am Dock von Montauk
Harbor (Seite 89)

3 **Der Main Beach
von East Hampton**
Von hier aus kann man bis
nach Montauk laufen
(Seite 87)

4 **Main Street in Southampton**
Sehen und gesehen
werden (Seite 92)

AM ABEND

Wild Rose Cafe
Populäre Blueskneipe mit leb-
hafter Bar. *Sag Harbor Turnpike,
Tel. 516/537-50 50*

EAST HAMPTON

(**116–117/C–D 5**) Um den makellos
gepflegten Green herum liegen
die Herrenhäuser reicher New
Yorker Familien mit einem
Stammbaum bis ins 17. Jh. Die
Main St. und die Newton Lane
werden gesäumt von Antiqui-
tätengeschäften, Edelboutiquen
(darunter Ralph Lauren und
Donna Karan) und Restaurants.
An der beschaulichen Further
Lane leben etliche der prominenten Bewohner von East-
hampton, darunter der Sänger
Billy Joel. Und der ★ *Main Beach*
zählt zu den besonders schönen
Stränden der Ostküste.

Das benachbarte *Amagansett*
steht bei Hausbesitzern und Fe-
riengästen ebenfalls hoch im
Kurs. Man gehört dazu, wenn
man im *Amagansett Farmer's Market* einkauft – und nirgendwo
schmecken Kaffee und Crois-
sants morgens besser als an den
Holztischen vor dem Markt, von
denen aus man die Szene gemüt-
lich beobachten kann.

RESTAURANTS

Della Famina
Gilt als Lieblingstreff der Promis.
Auf der Karte stehen u. a. Gän-
seleber aus dem Hudson Valley
und Heilbutt aus Maine. *99 North
Main St., Tel. 516/329-66 66,
Kategorie 1–2*

East Hampton Point
Lunch oder Drinks auf einer
Terrasse am Three Mile Harbor.
*Three Mile Harbor Rd., Tel. 516/
329-28 00, Kategorie 1–2*

Nick & Tony's
Italiener mit vielen berühmten
Kunden. *136 N Main St., Tel. 516/
324-35 50, Kategorie 1–2*

Pacific East
Innovative Fischgerichte. *415
Main St., Amagansett, Tel. 516/
267-77 70, Kategorie 2*

Peconic Coast
Ein Koch kam sogar aus Paris, um
der Speisekarte dieser lebhaften
Kneipe südfranzösisches Flair zu
verleihen. *103 Montauk Highway,
Tel. 516/324-67 72, Kategorie 2*

Amagansett House
Altes Bauernhaus als gemütliches B & B. *4 Zi., Main St., Amagansett, Tel. 516/26738-08, kein Fax, Kategorie 1–2*

The Maidstone Arms
Ältestes Inn der Gegend aus dem 18. Jh. mit attraktivem Restaurant und Garten. *19 Zi., 207 Main St., East Hampton, Tel. 516/324-5006, Fax 324-5037, Kategorie 1*

Sea Breeze Inn
Nettes kleines Haus in Strandnähe. *12 Zi., 30 Atlantic Av., Amagansett, Tel. 516/2673692, Fax 267-8621, Kategorie 2*

The Hedges Inn
Direkt am Green in der Ortsmitte und damit günstig gelegen für Shopping und Strand. *11 Zi., 74 James Lane, East Hampton, Tel. 516/324-7100, Fax 324-5816, Kategorie 1*

SPIEL UND SPORT

Fahrräder
Bermuda Bikes, 36 Gingerbread Lane, Tel. 516/324-6688; Village Hardware, 32 Newton Lane, Tel. 516/324-2456

AM ABEND

Stephen's Talk House
Live-Musik mit renommierten Altstars. *Main St., Amagansett, Tel. 516/267-3117*

AUSKUNFT

East Hampton Chamber of Commerce
79-A Main St., Mo–Fr 10–16, Sa 11–16, im Winter Di–Sa 10–16

Man flieht aus New York und sucht Ruhe nebenan auf Long Island

Die Hamptons: Stars ohne Allüren

Ein Haus auf Long Island, direkt am Strand zwischen Westhampton und East Hampton, das ist in Amerika ein Statussymbol. »Cashhamptons« werden diese Orte auch genannt, weil hier Geld, Macht und Ruhm verschmelzen. Verbrämt wird das von Prominenten aus Kunst und Literatur. Musiker wie Paul Simon, Filmemacher wie Steven Spielberg, Modeschöpfer wie Calvin Klein, Schriftsteller wie Kurt Vonnegut und Tom Wolfe (auch auf dem Weg an den Strand im makellosen weißen Anzug) und John F. Kennedy, Jr., gehören zu den Ansässigen, die man sommers in Kneipen, auf dem Fahrrad oder beim Einkaufen im Supermarkt treffen kann. Hier fühlen sie sich zu Hause – Stars ohne Allüren.

Tummelplatz für die New Yorker Society: die Hamptons

Uhr, Tel. 516/324-03 62. Bietet im Internet unter www.peconic.net eine komplette Liste aller Unterkünfte am Ostende von Long Island an.

MONTAUK

(117/D 5) Im Schatten des Leuchtturms am Ostende von Long Island, der 1797 im Auftrag von George Washington erbaut wurde, hat man das Gefühl, am Ende der Welt zu sein. Der Ort ist eine Mischung aus Moor- und Dünenlandschaft, in die ein Investor 1926 das »Miami Beach des Nordens« bauen wollte. Die Weltwirtschaftskrise stoppte Ende der zwanziger Jahre das Projekt. Erst in den siebziger Jahren wurde wieder gebaut – Eigentumswohnungen und Motels. Trotz dieser Eingriffe hat Montauk das Flair eines alten Fischerdorfs behalten. Man spürt es spätestens dann, wenn morgens im Hafen die Boote einlaufen.

Etliche Clam Bars säumen den Montauk Highway (Route 27). Eine ist *The Lobster Roll,* benannt nach dem fabelhaften Brötchen mit frischem Hummersalat fürs Picknick am Strand *(in der Nähe des Napeague Beach).*

Gosman's
★ Gleich am Pier, wo die Fischerboote landen. Hummer ab $ 16,95. *Gosman's Dock, Flamingo Rd., Tel. 516/668-53 30, Kategorie 2*

Lenhart Cottages
12 Häuschen, Blick auf Dünen oder Meer. *Old Montauk Highway, Tel. und Fax 516/668-23 56, Kategorie 1–2*

Montauk Yacht Club
Noble Unterkunft mit eigenem Bootshafen, Pools, Tennisplät-

zen und Restaurants. *107 Zi., Star Island, Tel. 516/668 31 00, Fax 668-61 86, Kategorie 1*

Panoramic View
Direkt am Strand. Am schönsten sind die Zimmer im Salt Sea House. *118 Zi., 272 Old Montauk Highway, Tel. 516/668-30 00, Fax 668-78 70, Kategorie 1–2*

Peri's
B & B mit 3 Zimmern, das auch Massagen und Kosmetikbehandlungen anbietet. *206 Essex St., Tel. 516/668-13 94, Fax 668-60 96, Kategorie 1*

SPIEL UND SPORT

Bootsfahrt
Walbeobachtungsfahrten veranstaltet die Ocean Research Foundation. *Abfahrt: Viking Dock, Tel. 516/369-98 40*

Fahrräder
Montauk Bike Shop, Main St., Tel. 516/668-89 75

Golf
Montauk Downs, für jedermann zugängliche 18-Löcher-Anlage und einer der zehn herausragenden öffentlichen Golfplätze in den USA. *S Fairview Av., Tel. 516/668-50 00 (Greenfee: $ 30/35)*

AUSKUNFT

Montauk Chamber of Commerce
Hilft bei der Beschaffung von Unterkünften. *The Plaza, Tel. 516/668-24 28, Mo–Fr 10–16, im Sommer Mo–Fr 10–17, Sa 10 bis 16, So 10–14 Uhr*

Wettergegerbte Holzhäuser säumen den Strand der »Langen Insel«

NORTH FORK

(116/C5) Auf dem nördlichen Arm der Landzunge Long Island scheint die Zeit stehengeblieben zu sein: Die Bauern haben ihr Land noch nicht an die landhungrigen Aussiedler aus New York verkauft. Es gibt noch viele kleine Farmen und neuerdings auch etliche Weingüter (z. B. *Paumanok* in *Jamesport* oder *Bedell Cellars* und *Pellegrini* in *Cutchogue*). Die frischen Produkte kauft man an *farm stands* (u. a. in *Mattituck, East Marion* und *Orient),* den Fang des Tages direkt am Wasser *(The Seafood Barge, Main Rd., Southold, Tel. 516/765-30 10;* oder *Orient by the Sea, Main Rd., Orient Point, Tel. 516/323-24 24).* Von *Orient Point* setzt man mit der Autofähre nach Shelter Island über und erreicht so auf der South Fork Anschluß an das Hamptons-Getriebe.

HOTEL

Motel on the Bay
19 einfache Zimmer an der Peconic Bay mit eigenem kleinem Strand. *Front St. S, Jamesport, Tel. 516/722-34 58, Fax 722-51 66, Kategorie 1–2*

Townsend Manor Inn
Das ehemalige Haus eines Walfang-Kapitäns liegt am Hafen von Jamesport. Pool. *23 Zi., 714 Main St., Jamesport, Tel. 516/477-20 00, Fax 477-25 03, Kategorie 2*

AUSKUNFT

North Fork Chamber of Commerce
Im Sommer Mo–Fr 9–17 Uhr, Main Rd., Greenport, Tel. 516/477-13 83

SAG HARBOR

(116/C5) Der ehemalige Walfanghafen an der Nordseite von Long Island rühmt sich, im Sommer ein Kontrastprogramm zum Prominentenauflauf in Westhampton, Southampton und Easthampton zu garantieren. Der Slogan lautet: »Hamptons ohne Hampton-Rummel«.

Die relative Ruhe lockt von jeher Künstler und Schriftsteller an. Das *Whaling Museum (Main St., Tel. 516/692-96 26)* erzählt die Geschichte der Walfänger und ihrer Schiffe. Die charaktervolle, traditionsbewußte Main St. zieren Boutiquen und auch eine ganze Reihe von Restaurants.

RESTAURANT

The Beacon
Französische Küche und Terrasse mit ☆ Hafenblick. *8 W Water St., Tel. 516/725-70 88, Kategorie 2–3*

HOTELS

American Hotel
Viktorianisches Dekor in einem denkmalgeschützten Ziegelbau. *8 Zi., Main St., Tel. 516/725-35 35, Fax 725-35 73, Kategorie 1*

The Inn at Baron's Cove
66 Zimmer (ab $ 155) mit ☆ Blick auf den kleinen Hafen und Kochgelegenheit. Tennis. Pool. *31 W Water St., Tel. 516/725-21 00, Fax 725-21 44, Kategorie 1*

AUSKUNFT

Sag Harbor Chamber of Commerce
Main St., Juni–Okt. Mo–Fr 10–14 Uhr, Tel. 516/725-00 11

SHELTER ISLAND

(**116/C 5**) Ein Großteil der Insel in der Gardiner's Bay zwischen den Gabelenden von Long Island, früher abwechselnd Refugium für Piraten, verfolgte Quäker, illegale Schnapsbrenner und betuchte Großstädter, ist dem Naturschutzgebiet *Mashomack* vorbehalten, einem Nistplatz für Seeadler. *Fährverbindungen* von North Haven (South Fork) und Greenport (North Fork).

HOTELS

Chequit Inn
Altes Sommer-Seehotel mit stilvollen Veranden. Gutes Restaurant. *35 Zi., Shelter Island Heights, Tel. 516/749-00 18, Fax 749-01 83, Kategorie 1–3*

Ram's Head Inn
Stattliche Schindelvilla mit ☙ Blick über Coecles Harbor. Hervorragendes Restaurant mit französisch angehauchter Küche. *17 Zi., Shelter Island Heights, Tel. 516/749-08 11, Fax 749-00 59, Kategorie 1–2*

SOUTHAMPTON

(**116/C 5**) Der *Historic Walking Trail* führt vom *Southampton Historical Museum (Meeting House Lane (Tel. 516/283-24 94)* aus durch den geschichtsträchtigen Kern des größten Orts am Ende von Long Island (4000 Ew.). Im Dreieck aus ★ Main Street, Job's Lane und Hampton Road gibt es die schönsten kleinen Geschäfte der ganzen Insel: Am Wochenende will man hier gesehen werden. Ebenfalls beliebt als Treffpunkt: *Cooper's Beach* und *Town Beach*.

MUSEUM

Parrish Art Museum
Amerikanische Künstler. *25 Job's Lane, Mo–Sa 11–17, So 13–17 Uhr, Eintritt $ 2, Tel. 516/283-21 18*

RESTAURANTS

Basilico
Edel-Trattoria mit toskanischer Note. *10 Windmill Lane, Tel. 516/283-79 87, Kategorie 2*

Lobster Inn
Die Spezialität des Hauses ist Hummer, Hummer und noch einmal Hummer. *162 Inlet Rd., Tel. 516/283-15 25, Kategorie 2*

75 Main
US-Küche, asiatisch inspiriert. So gibt es Frühlingsrollen aus Entenfleisch und Lammrücken mit Thai-Gewürzen. *75 Main St., Tel. 516/283-02 02, Kategorie 2*

HOTEL

B & B Reservation Service of Southampton
Neben den 8 Zimmern im eigenen Haus vermittelt man hier Privatzimmer zwischen $ 100 und $ 400. *579 Hill St., Tel. 516/287-09 02, Fax 287-62 40, Kategorie 1–2*

SPIEL UND SPORT

Strand
☖ *Cooper's Beach (Parkgebühr: $ 15, am Wochenende $ 20)*

AUSKUNFT

Southampton Chamber of Commerce
76 Main St., Mo–Fr 10–16, Sa, So 11–15 Uhr, Tel. 516/283-04 02

Natur und Kultur für Genießer

Die hier beschriebenen Routen sind in der Übersichtskarte im vorderen Umschlag und im Reiseatlas ab Seite 112 grün markiert

① WIND, SAND UND MEER: WO BOSTONIANS FERIEN MACHEN

Von Boston aus auf den Spuren der Kennedys nach Cape Cod und Nantucket. Dauer: je nach Lust und Laune 3–5 Tage.

Sommerfrische heißt für die Menschen in *Boston (S. 40):* Sie flüchten in kleine Orte mit Seebadflair, die selbst in der Hochsaison nicht überlaufen sind. Der Grund: Abgesehen von einer Reihe von Bed & Breakfasts gibt es in Cape Cod, auf Nantucket und auf Martha's Vineyard keinen nennenswerten Hoteltourismus. Wer dort Ferien macht, besitzt entweder ein Haus oder wohnt in einem zur Miete.

Die ersten Besucher von *Cape Cod (S. 47),* das wie ein gebeugter Arm mit einer Faust aussieht, waren britische Pilgerväter, deren Nachkommen vor allem vom Fischfang lebten. Später kamen Maler und gründeten Künstlerkolonien. Sie alle schufen die Atmosphäre, die einen empfängt, sobald man auf der Route 6 A die *Sagamore Bridge* über den 1914 fertiggestellten Cape Cod Canal

befährt und *Sandwich (S. 48)* erreicht, die älteste Siedlung am Kap. Das kleine Dorf wartet mit den typischen weißen Holzhäuschen auf, mit Ententeich und Mühle. Gebäude wie das *Hoxie House* stammen aus der zweiten Hälfte des 17. Jhs. Durch die Marschlandschaft geht es nach *Barnstable,* wo die Straße von Trödelläden, Galerien und Bed & Breakfasts gesäumt wird. Von dort nach Norden führen die Wege an die Strände der Cape Cod Bay, deren schönster, *Sandy Neck Beach,* sich über 10 km in der Dünenlandschaft erstreckt. Der Trip Richtung Osten durch den Abschnitt, den die Einheimischen *Mid Cape* nennen, führt durch *Yarmouth* und *Brewster,* wo noch immer jene prachtvollen Häuser stehen, die sich die Kapitäne bauten, die einst von hier aus die Weltmeere besegelten. In *Orleans* macht die Reiseroute einen Knick nach Norden und verläuft von nun an auf der Route 6. Sie passieren eine außergewöhnlich schöne Küstenlandschaft: *Cape Cod National Seashore,* ein Gebiet, das 1961 unter Natur-

93

schutz gestellt wurde. Beinahe 50 km lang ist der Strich, den der makellos weiße Sand hinter den Dünen, Marschen und niedrigen Wäldern in die Landschaft malt. Besuchen Sie das *Salt Pond Visitor Center* in *Eastham,* wo Sie Zugang zum Strand haben und viele nützliche Informationen erhalten. Auf dem Weg zur Spitze des Kaps kommen Sie auf dem *Lower Cape* als nächstes durch *Wellfleet,* einen ruhigen Ort, der in der stillen Zeit von September bis Juni schläfrig wirkt. Er ist berühmt für seine Austern, seine Galerien und den größten Flohmarkt der Halbinsel. Der Kontrast zu *Provincetown (S. 48),* am Ende des Kaps in dessen »Faust« gelegen, könnte nicht größer sein. »P-Town« und seine überwiegend homosexuellen Sommergäste sorgen in der Umgebung der Commercial Street für eine bunte, wenn auch mitunter laute Atmosphäre.

Während es für den Weg zurück auf dem schmalen *Lower Cape* nur eine Landstraße gibt (Route 6), finden Sie auf dem *Mid Cape* Alternativen. Zum Beispiel die Route 28, die in Orleans Richtung *Chatham* abzweigt. Von dort aus gelangen Sie über die Main Street nach *Hyannis* und zum vorgelagerten *Hyannisport (S. 47),* dem Sommersitz des Kennedy-Clans. Eine ständige Ausstellung im *John F. Kennedy Hyannis Museum* an der Main Street unterstreicht die Beziehung der Bostoner Politikerfamilie zu Cape Cod. Hyannis ist der Ort, in dem Sie Ihr Auto stehen lassen und mit der Fähre zu einem Ausflug auf die ehemalige Walfängerinsel *Nantucket (S. 54)* übersetzen sollten. Das Bilderbuchstädtchen mit seinen mit grauen Holzschindeln verkleideten Häusern und Kliffs können Sie nämlich erstens bequem mit dem Fahrrad erkunden. Zweitens sind im Sommer die Autoplätze auf der Fähre Wochen im voraus ausgebucht. Zurück auf Cape Cod, geht es nach *Falmouth (S. 47)* mit seinem von Häusern aus dem 19. Jh. umrahmten *Green.* Letzte Station auf dem Weg zurück ist dann wieder die Sagamore Bridge.

② HOCHGEFÜHL IM NORDEN: BERGIG UND BUNT

 Von Concord aus in die Farbenpracht der Wälder von Vermont und New Hampshire, auf den Mount Washington und in die alten Dörfer aus der Kolonialzeit. Dauer: etwa 7 Tage.

Das markante Gesicht des ursprünglichen Neuengland mit unwegsamen Bergen, unendlichen Wäldern und zahllosen Seen finden Sie landeinwärts – in New Hampshire und Vermont. In diese Atmosphäre haben sich eine Reihe von großen amerikanischen Schriftstellern zurückgezogen. Während die weißen Holzhäuser den Eindruck erwecken, man könne die Zeit anhalten, belehrt einen das kurze Crescendo der bunten Ahorn- und Eichenwälder in jedem Herbst eines Besseren. So kurz und verschwenderisch das *Indian Summer* ist – er kehrt jedes Jahr zurück. Eine Reise in die Berglandschaft von Neuengland sollte von Boston über die I 93 führen und in *Concord (S. 65, Exit 13)* beginnen. In der Hauptstadt von New Hampshire treffen sich die Gesetzgeber des Bundesstaats schon seit 1819 unter der vergoldeten Kuppel des Kapitols. Der Reiz liegt im Kontrast zu den dörflichen Szenen, die erkunden kann, wer anschließend über die I 393 ostwärts die Stadt verläßt, nach wenigen Kilometern auf die Route 106 biegt und nach Norden fährt. Dies ist der Weg zum *Canterbury Village,* einem der wenigen Relikte aus der Zeit, als die Glaubensgemeinschaft der Shaker hier lebte. Eine Besichtigung vermittelt die prägende Schlichtheit des Lebensstils der Gruppe, deren letztes Mitglied 1992 starb.

Richtung Norden folgen Sie der Route 106, dann der Route 3, um zum *Lake Winnipesaukee (S. 66)* zu gelangen. Er ist Teil einer gigantischen Seenplatte, die die Eiszeit hinterlassen hat. Der See mit über 250 km Uferlinie läßt sich am besten mit dem Ausflugsboot von *Weirs Beach* am Nordwestufer aus erkunden. Weiter nördlich *(Abzweig in Meredith)* geht es auf der Route 25 und dann auf der Route 16 *(Abzweig in West Ossipee)* zum nächsten Ziel – der Shopping-Meile von *North Conway.* Der Ort besitzt unzählige Outlet Stores namhafter Konsumartikelhersteller. Er ist gleichzeitig Ausgangspunkt für eine Fahrt hinauf auf den *Mount Washington (S. 71),* die höchste Erhebung (1917 m) östlich des Mississippi, von dessen windumwehtem Gipfel man bei gutem Wetter eine Sicht von 100 km hat – hinweg über die schroffen Erhebungen der White Mountains, die New Hampshires Norden prägen. Zurück geht es über dieselben Serpentinen hinab ins Tal und auf der Route 16 nach Süden bis zum Abzweig der Route 302 in *Glen.* Dies ist die Strecke nach *Bretton Woods (S. 72),* wo das imposante Mount Washington Hotel steht, in dem 1944

zwei bedeutende Institutionen gegründet wurden – der Weltwährungsfonds und die Weltbank. Weiter westlich trifft die Straße wieder auf die Route 3, auf der Sie Richtung Süden den *Franconia Notch State Park* durchfahren. Seine Höhepunkte sind die wilden, von der Natur geschaffenen Granitgebilde *Old Man of the Mountain* und *The Flume,* ein tiefer Einschnitt in die Felsenlandschaft. Auf der Route 112 *(Abzweig in North Woodstock)* gelangen Sie westwärts durch den letzten Abschnitt der pittoresken *White Mountains (S. 71).*

An der Kreuzung mit der Route 302 geht es links und hinab ins *Tal des Connecticut River (S. 29),* der die Grenze zu Vermont bildet. Dies ist die Straße, die nach *Montpelier (S. 69)* führt, der kleinsten Hauptstadt der 50 US-Bundesstaaten. Die Stadt ist ideal, um die malerische Route 100 anzusteuern *(sie beginnt 40 km westlich und führt nach Süden).* Die Landstraße führt die Osthänge der *Green Mountains (S. 69)* entlang, durch Dörfer wie *Warren* und *West Bridgewater,* von wo sich auf der Route 4 ein Abstecher nach *Woodstock (S. 73)* sehr empfiehlt. Der geschichtsträchtige Ort wurde von den Rockefellers erhalten und gepflegt. Ähnlich anmutig sieht *Newfane* im Süden Vermonts aus, das Sie auf der Route 30 erreichen, wenn Sie in *East Jamaica* die Route 100 Richtung Südosten verlassen. Das satte Grün der Wiesen und Wälder und die weißen Holzhäuser in der hügeligen Landschaft sind Neuengland pur. Die Strecke führt weiter nach *Brattleboro (S. 63),* der ersten Siedlung der Koloniegründer in Vermont. Die Kleinstadt bietet die

Möglichkeit, mit dem Kanu oder dem Dampfer auf den Connecticut River hinauszufahren. Die 160 km zurück nach Boston fahren Sie auf der I 91 und ab Exit 27 ostwärts über die Route 2.

 Von York Harbor zum Acadia National Park, zum Einkaufen nach Freeport und in die Lobster Pounds am Atlantik. Wenn Sie die Strecke und die Mahlzeiten genießen wollen, brauchen Sie mindestens 5 Tage.

Im kalten Atlantikwasser vor der felsigen Küste im Nordosten Neuenglands gedeihen vorzügliche Meeresfrüchte: Garnelen, Muscheln, Krebse und vor allem Hummer, in Amerika *lobster* genannt, der an den Lobster Pounds am preiswertesten und frischesten ist. Die folgende Route mit Insider-Tips für eine sommerliche Schlemmerorgie führt auf der Route 1 entlang an den Gestaden von Maine. Die Reise beginnt im Süden von Maine, in *York Harbor (S. 83, 100 km nördlich von Boston),* wo Sie den *Cape Neddick Lobster Pound (Shore Rd.)* ansteuern. *Ogunquit (S. 82),* eine Künstlerkolonie mit 5 km langem Sandstrand, folgt weiter nördlich. Dort gibt es die Hummergenüsse bei *Barnacle Billy's Lobster Shack (Perkins Cove)* und dem *Ogunquit Lobster Pound (Route 1).* Der nächste Stopp ist *Kennebunkport (S. 81).* An der Ocean Avenue finden Sie *Port Lobster Co.* und *Mabel's.* Der Trip gen Norden führt durch *Freeport (S. 81),* eine Shopping-Metropole, die von dem Bekleidungshersteller L.L.Bean auf die Landkarte gehievt wurde *(24 Stunden durchgehend geöffnet).* Das Angebot: Outlet Stores mit amerikanischen Markenprodukten. Das nächste Ziel ist *Boothbay Harbor (S. 78, in Wiscasset auf der Route 27 ans Meer).* Das Fischerdorf mit seinem fjordähnlichen Hafen wartet an der Atlantic Avenue mit zwei Restaurants auf – *Lobstermen's Co-Op* und *Cap'n Fish* – und an der Commercial Street mit einem: *Ebb Tide. Pemaquid Point* mit seinem berühmten *Leuchtturm* (einer von 61 in Maine) ist ein idealer Aussichtspunkt, um die zerklüftete Küste zu genießen *(in Newcastle auf die Route 129 und 130 abbiegen).*

Erst ab der *Penobscot Bay* beginnt für Puristen das wahre Maine: Von dort an wird es einsam. Wer vorher kehrtmacht, versäumt Segelzentren wie *Camden (S. 79), Rockport (S. 50)* und *Rockland (S. 22),* in denen man Boote chartern kann. Zwei Tips in Sachen Hummer: die *Sail Loft* im Hafen von Rockport (auch Austern) und *Landings Restaurant* im Bootshafen von Rockland. Weiter im Norden biegen Sie in *Ellsworth* mit der Route 3 ab, um den *Acadia National Park (S. 76), Mount Desert Island, Bar Harbor (S. 78)* und *Bass Harbor (S. 78)* zu erreichen. Dort finden Sie den Glanz opulenter Sommerresidenzen, die sich wohlhabende Bürger im 19. Jh. gebaut haben, und Essen aus dem Ozean satt: zum Beispiel bei *Beal's Lobster Pier (im Hafen)* in *Southwest Harbor (S. 78)* und im *Burning Tree (Route 3)* in *Otter Creek.* Wenn Sie etwas rascher nach Boston zurück möchten: Auf der I 95 geht es am schnellsten. Die Entfernung beträgt ca. 430 km. Empfehlenswert: Entlang des Wegs serviert McDonald's schmackhafte *Lobster Rolls* für ganze $ 3,99!

Von Auskunft bis Zoll

Hier finden Sie kurzgefaßt die wichtigsten Adressen und Informationen für Ihre Neuengland-Reise

AUSKUNFT

Auch wenn Sie nicht zu jenen zählen, die ihre Reise bis ins Detail planen, lohnt es sich, vor Beginn der Reise Informationen einzuholen. So läßt sich nicht nur Geld sparen, sondern Sie vermeiden die Orientierungslosigkeit, die sich häufig beim ersten USA-Besuch einstellt.

In Deutschland:
Discover New England
Roonstraße 21, 90429 Nürnberg, Tel. 09 11/926 91 13, Fax 926 93 01, www.discovernewengland.com. Hier erhalten Sie gegen eine – rein freiwillige! – Kostenbeteiligung Broschüren, Landkarten, Unterkunftsverzeichnisse und weiteres sehr ausführliches Material.

In den USA:
Connecticut Department of Economic Development, Tourism Division
505 Hudson Street, Hartford, CT 06106, Tel. 860/270-80 21, www. tourism.state.ct.us

Maine Office of Tourism
59 State House Station, Augusta, ME 04333, Tel. 207/287-57 10, www.visitmaine.com

Massachusetts Office of Travel and Tourism
100 Cambridge Street, 13th Floor, Boston, MA 02202, Tel. 617/727-32 01, www.massvacation.com

New Hampshire Office of Travel and Tourism
172 Pembroke Rd., Concord, NH 03302-1856, Tel. 603/271-26 66, www.visit-newhampshire.com

Rhode Island Department of Economic Development, Tourism Division
1 W Exchange Street, Providence, RI 02903, Tel. 401/222-26 01, www.visitrhodeisland.com

Vermont Department of Tourism & Marketing
134 State Street, Montpelier, VT 05601, Tel. 802/828-32 36, www.travel-vermont.com

AUTO

Amerikas Straßen sind klassifiziert (County Routes, State Highways, US Highways, Interstates). Die Nummern findet man auf allen Wegweisern. Die Höchstgeschwindigkeit in New Hampshire, Maine und Vermont: 65 Meilen/h (104 km/h) auf Interstates, 50 Meilen/h (80 km/h) auf Highways. In Connecticut, Massachusetts, Rhode Island und New York (Long Island): auf den meisten Straßen 55 Meilen/h (88 km/h).

Verkehrsregeln und Zeichen in den USA entsprechen den deutschen. Besonderheiten: An ampelgeregelten Kreuzungen darf man bei Rot rechts abbiegen. Der sogenannte *3-way*- oder *4-way-stop,* eine Kreuzung mit Stoppzeichen aus allen Richtungen, regelt die Vorfahrt nach dem Prinzip: Wer zuerst kommt, fährt zuerst (in der Reihenfolge der Ankunft an der Stop-Linie). Halten Schulbusse am Straßenrand und schalten ihr Warnblinklicht an, muß der Verkehr in *beiden* Richtungen stoppen.

Autobahn-Raststätten gibt es nicht. Dafür findet man an den meisten Ausfahrten Tankstellen. Gallon *(1 gallon = 3,78 Liter)* ist die Maßeinheit für Benzin *(bleifrei = unleaded).* Bei Pannen hilft die AAA (American Automobile Association) weiter. Für den Fall der Fälle sollten Sie die Mitgliedskarte Ihres heimischen Automobilclubs dabeihaben.

BANKEN, GELD UND KREDITKARTEN

Die US-Banken *(Öffnungszeiten meist Mo–Do 10–15, Fr 10–17, mancherorts Sa 10–12 Uhr)* arbeiten nicht als Wechselstuben. Sie lösen allerdings Reiseschecks ein und zahlen Bargeld an Kreditkarteninhaber aus. Bei der Ankunft in den Vereinigten Staaten sollte man Kleingeld bei sich haben, um Gepäckträger, Taxi oder Bus bezahlen zu können.

1 Dollar = 100 Cent. Scheine *(bills)* gibt es in den Stückelungen 1, 2, 5, 10, 20, 100 Dollar. Münzen *(coins)* in den Stückelungen: 1, 5, 10, 25, 50 Cent. Andere Namen: *penny* (1 ¢), *nickel* (5 ¢), *dime* (10 ¢), *quarter* (25 ¢), *buck* (1 $). Populärstes Zahlungsmittel: Kreditkarten. Als Zahlungsmittel gleichermaßen akzeptiert: *Reiseschecks z. B. von American Express (bei Verlust: Tel. 1/800/ 221-72 82).*

CAMPING

Informationen halten die staatlichen Tourismusbüros bereit. Die schönsten Campingplätze finden Sie in den *State Parks.* Reservierungen für 25 *National Parks* nimmt der *National Park Service* entgegen: *Tel. 301/722-12 57, Informationen zu Ausstattung und Preisen: www.nps.gov.*

DIPLOMATISCHE VERTRETUNG

Boston:
Generalkonsulat der Bundesrepublik Deutschland   (U/B 6)
3 Copley Place, Suite 500, Tel. 617/ 536-44 14, Mo–Fr 9–12 Uhr

Konsulat der Republik Österreich   (U/E 4)
15 School St., 3rd Floor, Tel. 617/ 227-31 31, Di–Do 10–13 Uhr

Schweizer Konsulat   (U/C 5)
3 Center Plaza, Suite 400, Tel. 617/ 720-63 10, Mo–Do 10–13 Uhr

New York:
Generalkonsulat der Bundesrepublik Deutschland
871 United Nations Plaza (49th St. und 1st Av.), Tel. 212/610-97 00, Mo–Fr 9–12 Uhr

**Generalkonsulat
der Republik Österreich**

*31 East 69th St., Tel. 212/737-
64 00, Mo–Fr 9–12 Uhr*

Schweizer Generalkonsulat

*633 Third Av., 30th Floor, Tel. 212/
599-57 00, Mo–Fr 8.30–12 Uhr*

EINREISE

Nur wer länger als 3 Monate
bleibt, muß sich vorab im Hei-
matland ein Visum besorgen. Bei
der Einreise werden manchmal
die Vorlage eines Rückflugtickets
und der Nachweis ausreichender
Finanzen (Kreditkarte genügt)
verlangt. Bei Umsteigeverbin-
dungen werden alle Zoll- und
Paßformalitäten am ersten Flughafen in den USA erledigt.

EISENBAHN/BUS

Die Eisenbahngesellschaft *Amtrak* verbindet New York und
Boston. Auskunft – auch über
die Bahnpässe, mit denen man
günstiger reisen kann – bei den
Vertretungen von Amtrak: Jetair
in Deutschland, Austria Reise-
service in Wien sowie Kuoni und
SSR-Reisen in Zürich.
    Greyhound verbindet zahlrei-
che Städte mit Überland-Bus-
linien. Auskünfte in Reisebüros.

FERNSEHEN UND RADIO

Via Kabel oder Satellit kann man
mehr als 30 TV-Kanäle empfan-
gen, darunter die großen landes-
weiten Sender ABC, CBS und
NBC. Weiters: CNN – Cable
News Network (24 h Nachrich-
ten), ESPN (24 h Sport), Weat-
her Channel (24 h Wetterbe-
richte), MTV (24 h Pop-Videos).

FKK

Amerika ist prüde, öffentliches
Nacktbaden verboten. Es gibt
FKK-Strände – abgeteilt und im
Besitz privater Vereinigungen.

JUGENDHERBERGEN

YMCA (für Männer), YWCA
(für Frauen). Eine Adressenliste
erhalten Sie beim *CVJM Ge-
samtverband, Im Druseltal 8, 34131
Kassel-Wilhelmshöhe, Tel. 05 61/
308 73 00, Fax 308 72 70.* Eine Bu-
chungsmöglichkeit in Deutschland bietet *Anders Reisen, Nieder-
waldstr. 14, 65187 Wiesbaden, Tel.
06 11/98 97 30, www.anders-reisen.de.*
Betten in den Jugendherbergen
der American Youth Hostels
(AYH) müssen vorab reserviert
werden. Ein Verzeichnis ist im
Buchhandel erhältlich: *Hostelling
International Handbook, Vol. 2.*

KLIMA

Ein alter Wahlspruch lautet:
Wenn dir das Wetter in Neuengland nicht gefällt, warte fünf Mi-
nuten. Es ändert sich bestimmt.
Es gibt wechselhafte Tage, aber
im Grunde sind die Jahreszeiten
klar voneinander abgegrenzt:
Die Sommer in den Küsten-
landstrichen sind schwül, im
Hinterland angenehm warm.
Der bunte Herbst bietet warme
Tage (bis in den Oktober hinein
um die 20 Grad), aber kalte
Nächte. Schnee hüllt im Winter
Neuengland in weiten Teilen
ein. Der Frühling beginnt
vergleichsweise spät. Das Spek-
trum reicht von stabilen Minus-
graden im Januar und Februar bis
zu Höchsttemperaturen, die im
Sommer bei über 30 Grad liegen.

MIETWAGEN

Rental Cars sind am preisgünstigsten, wenn sie von Deutschland aus reserviert werden. Gibt man den Wagen nicht am Ausgangspunkt ab, berechnen einige Firmen horrende Rückführungsgebühren. Ein Preisvergleich lohnt sich. Wer in den USA ein Auto mieten will, kann es gebührenfrei telefonisch reservieren:
Avis Tel. 1/800/331-1212
Budget Tel. 1/800/527-0700
Dollar 1/800/421-6868
Hertz 1/800/654-3131
National 1/800/328-4567

Niederlassungen an den Flughäfen in Boston und New York befinden sich abseits der Ankunfts- und Abfluggebäude. Für den Transport sorgen Zubringerbusse der Unternehmen.

NOTRUF UND NOTARZT

»911« ist die Notrufnummer für Polizei und medizinische Notfälle. Sie kann von Münzfernsprechern kostenlos angewählt werden. Die Notaufnahme-Abteilungen der Krankenhäuser, mit *Emergency Room* deutlich beschildert, sind verpflichtet, Patienten zu behandeln, auch wenn sie nicht in den USA krankenversichert sind. Üblich: Das Personal verlangt vor der Behandlung eine Kreditkarte.

POST

Postämter sind Mo–Fr 9–17, manche auch Sa 9–12 Uhr geöffnet. Briefmarken gibt es allerdings auch in den Apotheken *(Pharmacy)*. Porto: Luftpostbrief nach Europa (bis 20 g) 60 ¢, Luftpostkarte 50 ¢.

STROMSPANNUNG

110 Volt/60 Hertz. Kleingeräte (Fön, Rasierapparat) funktionieren auch mit dieser Spannung. Für diese Geräte brauchen Sie Adapter für US-Steckdosen (aus Deutschland mitbringen).

TELEFON

Alle Telefonnummern in den USA sind 7stellig. Bei Ortsgesprächen wählen Sie nur die Nummer. Davor kommen für Ferngespräche zunächst eine »1« und anschließend die 3stellige Vorwahl, der *area code*.

Ortsgespräche aus der Telefonzelle kosten 25–30 ¢, bei Ferngesprächen gibt nach dem Wählen eine Computerstimme die Gebühr an. Vorsicht: In Hotels horrende Aufschläge! Preiswerter telefonieren kann man mit einer Telefonkarte, die es für $ 5, 10, 20 usw. an Kiosken und in Gemischtwarenläden (z. B. in den *Delis)* zu kaufen gibt.

Bei allen Telefonproblemen hilft der *Operator »0«* weiter, er vermittelt auch R-Gespräche *(collect calls)*. Gebührenfreie Nummern, über die man Hotels, Flüge und Mietwagen reserviert, haben die Vorwahl »1-800«.

Vorwahl nach Deutschland: 011-49; nach Österreich: 011-43; in die Schweiz: 011-41; danach die Ortsvorwahl ohne die erste Null und dann die Rufnummer. Vorwahl in die USA: 001.

TOILETTEN

Öffentliche Toiletten sind selten. Tankstellen, Supermärkte, Restaurants und Hotels empfehlen sich als Ausweichmöglichkeit.

TRINKGELD

In den Restaurantpreisen ist kein Bedienungsgeld enthalten. Daher 15 % Trinkgeld *(tip)*.

ZEIT

Eastern Standard Time: Mitteleuropäische Zeit (MEZ) –6h. Sommerzeit (+1h): 1. Sonntag im April bis letzter Sonntag im Oktober.

ZOLL

Pflanzen, Wurst, Obst und andere frische Lebensmittel dürfen nicht eingeführt werden. (Halten Sie sich an das Verbot, sonst nimmt man Ihnen alles ab!) Erlaubt sind pro Erwachsenen 200 Zigaretten oder 50 Zigarren oder 2 kg Tabak sowie 1,1 l Spirituosen. Dazu Geschenke bis zu einem Wert von $ 100.

In EU-Länder zollfrei eingeführt werden dürfen: 1 l Alkohol über 22 %, 200 Zigaretten oder 100 Zigarillos oder 50 Zigarren oder 250 g Tabak, 50 g Parfüm oder 250 ml Eau de Toilette und andere Artikel (ausgenommen Gold) im Gesamtwert von 350 Mark.

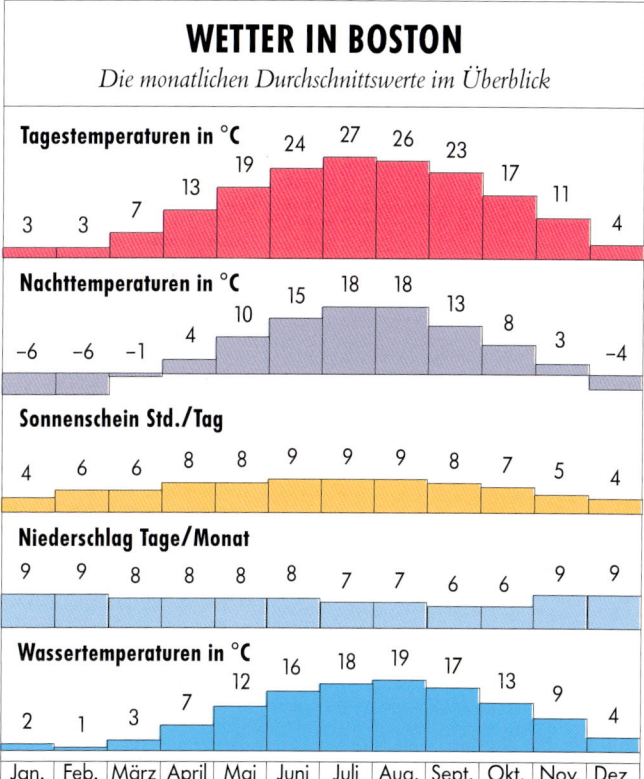

WETTER IN BOSTON

Die monatlichen Durchschnittswerte im Überblick

Tagestemperaturen in °C
3 · 3 · 7 · 13 · 19 · 24 · 27 · 26 · 23 · 17 · 11 · 4

Nachttemperaturen in °C
–6 · –6 · –1 · 4 · 10 · 15 · 18 · 18 · 13 · 8 · 3 · –4

Sonnenschein Std./Tag
4 · 6 · 6 · 8 · 8 · 9 · 9 · 9 · 8 · 7 · 5 · 4

Niederschlag Tage/Monat
9 · 9 · 8 · 8 · 8 · 8 · 7 · 7 · 6 · 6 · 9 · 9

Wassertemperaturen in °C
2 · 1 · 3 · 7 · 12 · 16 · 18 · 19 · 17 · 13 · 9 · 4

| Jan. | Feb. | März | April | Mai | Juni | Juli | Aug. | Sept. | Okt. | Nov. | Dez. |

Bloß nicht!

*Wovor Sie sich hüten sollten, damit die Reise
ein voller Erfolg wird*

Deutsches in Amerika

Bloß nicht sich bei Städtenamen wie Berlin (in Connecticut und New Hampshire) oder Dresden (Maine) von allzu großer Neugier und Sentimentalität leiten lassen. In amerikanischen Städten mit deutschen Namen ist nichts vom historischen Hintergrund zu spüren. Deutsche Einwanderer haben sich stärker assimiliert als die meisten anderen Nationalitäten.

Jet-lag

Bloß nicht sich einfach der Müdigkeit des Jet-lag hingeben, sobald man in den USA angekommen ist. Als Jet-lag bezeichnet man die Verzögerung, mit der der Körper sich vom vertrauten auf einen neuen Tag-Nacht-Rhythmus umstellt. Die Zeitverschiebung von sechs Stunden zwischen Deutschland und der amerikanischen Ostküste kompensiert man innerhalb von drei Tagen. Nach der Ankunft (meist nachmittags) empfiehlt es sich, einige Stunden gegen die Bettschwere anzukämpfen oder einen Erholungsschlaf von maximal zwei Stunden einzulegen. Gegen den Jet-lag, der durch die trockene Klimaanlagenluft im Flugzeug noch verstärkt wird, kämpfen Flugerfahrene schon während der Reise: mit großen Mengen Mineralwasser.

Kriminalität

Bloß nicht nachts in Großstädten wie Boston, Hartford, New Haven, Bridgeport oder Providence durch fremde Stadtteile fahren. Mag auch auf dem Land Neuenglands gepflegter Eindruck zu Sorglosigkeit verleiten – in den Metropolen ist die Kriminalitätsrate wie fast überall in den USA ziemlich hoch. Und Touristen sind die bevorzugten Opfer von Überfällen.

Sticht, beißt, piekt

Bloß nicht die Anmutung des Neuengland-Waldes falsch einschätzen. Sosehr er europäischen Forstpflanzungen ähnelt, so wenig ist er damit zu vergleichen. Zecken, die die heimtückische Lyme-Krankheit übertragen können (mögliche Folge: Hirnhautentzündung), tollwütige Waschbären sowie giftiger Efeu *(Poison Ivy)* gehören zu den Gefahren. Eine ständige Plage sind bei warmem Wetter Stechmücken. Cremes und Lotionen lindern deren Attacken. Gegen die anderen Unannehmlichkeiten schützen – wenn überhaupt – vor allem eine Kopfbedeckung und feste Kleidung.

Sprechen und Verstehen ganz einfach

Zur Erleichterung der Aussprache sind alle amerikanischen Begriffe und Wendungen mit einer einfachen Aussprache (in eckigen Klammern) versehen. Folgende Zeichen sind Sonderzeichen:

ə	nur angedeutetes »e« wie in bitte
θ	[s] gesprochen mit der Zungenspitze zwischen den Zähnen
'	die nachfolgende Silbe wird betont

AUF EINEN BLICK

Ja./Nein.	Yes. [jäs]/Yeah. [jie]/No. [no]
Vielleicht.	Perhaps. [pö'häps]/Maybe. ['mäibih]
Bitte.	Please. [plihs]
Danke.	Thank you. ['θänkju]
Vielen Dank!	Thank you very much.
	['θänkju 'wäri 'matsch]
Gern geschehen.	You're welcome. [jər 'wälkəm]
Entschuldigung!	Excuse-me! [iks'kjuhs 'mih]
Wie bitte?	Pardon? ['paərdn]
Ich verstehe Sie/dich nicht.	I don't understand. [ai dont andö'ständ]
Ich spreche nur wenig …	I only speak a little … [ai 'onli spihk ə litl]
Können Sie mir bitte helfen?	Can you help me, please?
	['kən ju 'hälp mi plihs]
Ich möchte …	I'd like … [aid'laik]
Das gefällt mir (nicht).	I (don't) like this. [ai (dont) laik_θis]
Haben Sie …?	Do you have …? [du ju 'häw]
Wieviel kostet das?	How much is this? ['hau'matsch is θis]
Wie spät ist es?	What time is it? [wət 'taim is it]

KENNENLERNEN

Guten Morgen!	Good morning! [gud 'moərning]
Guten Tag!	Good afternoon! [gud äftö'nuhn]
Guten Abend!	Good evening! [gud 'ihwning]
Hallo! Grüß dich!	Hello! [hə'lo]/Hi! [hai]
Ich heiße …	My name's … [mai näims …]
Wie heißen Sie/heißt du?	What's your name? [wots joər 'näim]
Wie geht es Ihnen/dir?	How are you? [haur'ju]
Danke. Und Ihnen/dir?	Fine thanks. And you?
	['fain θänks, ənd 'ju]
Auf Wiedersehen!	Goodbye!/Bye-bye! [gud'bai/bai'bai]
Tschüs!	See you!/Bye! [sih ju/bai]
Bis bald!	See you later! [sih ju 'lätər]
Bis morgen!	See you tomorrow! [sih ju tə'məro]

Auskunft

links/rechts	left [läft]/right [rait]
geradeaus	straight ahead [sträit 'əhäd]
nah/weit	near [niər]/far [faər]
Bitte, wo ist …?	Excuse me, where's …, please?
	[iks'kjuhs 'mih 'weərs … plihs]
der Bahnhof	the train station [θə 'träen 'stäischn]
der Busbahnhof	the bus station [θə bass 'stäischn]
die U-Bahn	the subway [θə 'sabwä]
der Flughafen	the airport [θə 'erpoht]
Wie weit ist das?	How far is it? ['hau 'far_is_it]
Ich möchte … mieten.	I'd like to rent … [aid'laik tə 'ränt]
… ein Auto	… a car [ə 'kaər]
… ein Motorboot	… a motorboat [ə 'motərbot]

Panne

Ich habe eine Panne.	My car's broken down.
	[mai 'kaərs 'brokn 'daun]
Würden Sie mir bitte einen Abschleppwagen schicken?	Would you send a tow truck, please? ['wud ju sänd ə to trak plihs]
Gibt es hier in der Nähe eine Werkstatt?	Is there a service station nearby? ['is θeə_ə 'söəwis stäischn 'nirbai]

Tankstelle

Wo ist die nächste Tank-stelle?	Where's the nearest gas station? ['weəs θə 'niərist 'gäs stäischn]
Ich möchte … Liter/ Gallonen [3,7l] …	… liters/gallons of … ['lihtərs/gäləns əw]
… Normalbenzin.	… regular, [regjulər]
… Super.	… premium, [primium]
… Diesel.	… diesel, ['dihsl]
… bleifrei/verbleit.	… unleaded/leaded, please. [an'lädid/'lädid plihs]
Volltanken, bitte.	Full, please. ['full plihs]

Unfall

Hilfe!	Help! [hälp]
Achtung!	Attention! [ə 'tänschn]
Vorsicht!	Look out! ['luk 'aut]
Rufen Sie bitte …	Please call … ['plihs 'kahll]
… einen Krankenwagen.	… an ambulance. [ən 'ämbjuləns]
… die Polizei.	… the police. [θə pə'lihs]
Es war meine Schuld.	It was my fault. [it wəs 'mai 'fahllt]
Es war Ihre Schuld.	It was your fault. [it wəs 'joər 'fahllt]
Geben Sie mir bitte Ihren Namen und Ihre Anschrift.	Please give me your name and address. [plihs giw mi joər 'näim ənd ə'dräs]

ESSEN/UNTERHALTUNG

Wo gibt es hier …
Is there … here? ['is θeər … 'hiər]

… ein gutes Restaurant?
… a good restaurant [ə 'gud 'rästərahnt]

… ein typisches Restaurant?
… a restaurant with local specialities
[ə 'rästərahnt wiθ 'lokl späschi'älitis]

Gibt es hier eine gemütliche Kneipe?
Is there a nice bar here?
['is θeər_ə nais bar hiər]

Reservieren Sie uns bitte für heute abend einen Tisch für 4 Personen.
Would you reserve us a table for four for this evening, please? ['wud ju ri'söhw əs ə 'täibl fə 'fohr fə θis 'ihwning plihs]

Auf Ihr Wohl!
Cheers! [tschiərs]

Bezahlen, bitte.
Could I have the check, please?
['kud ai häw θə tschek plihs]

Haben Sie einen Veranstaltungskalender?
Do you have a calendar of events?
[du ju häw_ə 'kälendər_əw i'wänts]

EINKAUFEN

Wo finde ich …?
Where can I find …?
['weər 'kən_ai 'faind …]

eine Apotheke
a pharmacy [ə farməssi]

eine Bäckerei
a bakery [ə bəikəri]

ein Fotogeschäft
a photo/camera store
[ə foto/kämərə stoər]

ein Kaufhaus
a department store [ə di'partmənt stoər]

ein Lebensmittelgeschäft
a supermarket/grocery store
[ə 'supər 'mahrkət/grosri stoər]

einen Markt
a market [ə 'mahrkət]

ÜBERNACHTUNG

Können Sie mir bitte … empfehlen?
Could you recommend …, please?
[kud ju ‚räkə'mänd … plihs]

… ein Hotel/Motel
… a hotel/motel [ə ho'täl/mou'təl]

… eine Pension
… a B&B (bed & breakfast)
[ə bin bi (bed_n 'bräkfəst)]

Ich habe bei Ihnen ein Zimmer reserviert.
I've reserved a room.
[aiw ri'söhwd_ə 'ruhm]

Haben Sie noch …?
Do you have …? [du ju häw]

… ein Einzelzimmer
… a room for one [ə ruhm fə wan]

… ein Doppelzimmer
… a room for two [ə ruhm fə tu]

… mit Dusche/Bad
… with a shower/bath
[wiθ ə 'schauər/'bähθ]

… für eine Nacht
… for one night [fə wan 'nait]

… für eine Woche
… for a week [fə ə 'wihk]

Was kostet das Zimmer mit …
How much is the room with …
['hau 'matsch is θə ruhm wiθ]

… Frühstück?
… breakfast? ['bräkfəst]

Arzt

Können Sie mir einen guten Arzt empfehlen?	Can you recommend a good doctor? [kən ju räkə'mänd ə gud 'daktər]
Ich brauche einen Zahnarzt.	I need a dentist. [ai nied ə 'dentist]
Ich habe hier Schmerzen.	I feel some pain here. [ai fihl səm päin 'hiər]
Rezept	prescription [prə'skripschn]
Spritze	injection/shot [in'dschekschn/schat]

Bank

Wo ist hier bitte …	Where's the nearest … [weərs θə 'niərist]
… eine Bank?	… bank? [bänk]
… eine Wechselstube?	… exchange-office? [iks'tschäinsch_afis]
Bankautomat	teller machine [telər maschin]
Ich möchte … DM (Schilling, Schweizer Franken) in Dollars wechseln.	I'd like to change … German Marks (Austrian Shillings, Swiss Francs) into dollars. [aid laik tə tschäinsch … dschöhmən 'mahrks ('astriən 'schillings/'swis 'fränks) 'intə 'dahllərs]

Post

Was kostet …	How much is … ['hau 'matsch is]
… ein Brief …	… a letter … [ə 'lädər]
… eine Postkarte …	… a postcard … [ə postkahrd]
… nach Deutschland?	… to Germany? [tə 'dschöhməni]

Zahlen

0	zero [siəro]	19	nineteen [ˌnain'tihn]
1	one [wan]	20	twenty ['twänti]
2	two [tuh]	21	twenty-one [ˌtwänti'wan]
3	three [θrih]	30	thirty ['θöhti]
4	four [fohr]	40	forty ['fohrti]
5	five [faiw]	50	fifty ['fifti]
6	six [siks]	60	sixty ['siksti]
7	seven ['säwn]	70	seventy ['säwnti]
8	eight [äit]	80	eighty ['äiti]
9	nine [nain]	90	ninety ['nainti]
10	ten [tän]	100	a (one) hundred ['ə (wan) 'handrəd]
11	eleven [i'läwn]		
12	twelve [twälw]	1000	a (one) thousand ['ə (wan) 'θausənd]
13	thirteen [θöh'tihn]		
14	fourteen [ˌfoh'tihn]	10000	ten thousand ['tän 'θausənd]
15	fifteen [ˌfif'tihn]		
16	sixteen [ˌsiks'tihn]	1/2	a half [ə 'hähf]
17	seventeen [ˌsäwn'tihn]	1/4	a (one) quarter ['ə (wan) 'kwohrtər]
18	eighteen [ˌäi'tihn]		

Menu
Speisekarte

BREAKFAST	FRÜHSTÜCK
coffee (with cream/milk) ['kafi (wiθ 'krihm/'milk)]	Kaffee (mit Sahne/Milch)
decaffeinated coffee [di'käfin,äitid 'kafi]	koffeinfreier Kaffee
hot chocolate ['hat 'tschaklit]	heiße Schokolade
tea (with milk/lemon) [tih (wiθ 'milk/'lämen)]	Tee (mit Milch/Zitrone)
scrambled eggs ['skrämbld 'ägs]	Rührei
poached eggs ['potscht 'ägs]	pochierte Eier
bacon and eggs ['bäikn ən 'ägs]	Eier mit Speck
eggs sunny side up ['ägs sani said ap]	Spiegeleier
hard-boiled/soft-boiled eggs ['hahrdboild/'saftboild ägs]	harte/weiche Eier
(cheese/mushroom) omelette [(tschihs/'maschrum)'omlit]	(Käse-/Champignon-)Omelett
bread/rolls/toast [bräd/rols/tost]	Brot/Brötchen/Toast
butter ['batər]	Butter
honey ['hani]	Honig
jam [dschäm]	Marmelade
jelly ['dschəli]	Gelee
muffin ['məfin]	süßes Küchlein
yoghurt ['jogərt]	Joghurt
fruit ['fruht]	Obst

HORS D'ŒUVRES/SOUPS	VORSPEISEN/SUPPEN
clam chowder [kläm tschaudər]	Muschelsuppe
broth/consommé [braθ/kən'somäi]	Fleischbrühe
cream of chicken soup [krihm əw 'tschikin suhp]	Hühnercremesuppe
ham [häm]	gekochter Schinken
mixed/green salad [mixd/grin säləd]	gemischter/grüner Salat
onion rings ['ənjən rings]	fritierte Zwiebelringe
seafood salad [sifuhd säləd]	Meeresfrüchtesalat
shrimp cocktail ['schrimp 'kahktäil]	Krabbencocktail
smoked salmon/lox ['smokt 'sämən/lax]	Räucherlachs
tomato soup [tə'mähto suhp]	Tomatensuppe
vegetable soup ['wädschtəbl suhp]	Gemüsesuppe

clams [kläms]	Venusmuscheln
cod [kad]	Kabeljau
crab [kräb]	Krebs
eel [ihl]	Aal
halibut [häləbət]	Heilbutt
herring ['häring]	Hering
lobster ['labstər]	Hummer
mussels ['masls]	Muscheln
oysters ['oistərs]	Austern
perch [pöhtsch]	Barsch
salmon ['sämən]	Lachs
scallops [skälləps]	Jakobsmuscheln
sole [soll]	Seezunge
squid [skwid]	Tintenfisch
trout [traut]	Forelle
tuna ['tuhnə]	Thunfisch

bacon [bəikən]	Speck
barbequed spare ribs	gegrillte Rippchen
['bahrbəkjuhd 'speər ribs]	
beef [bihf]	Rindfleisch
chicken ['tschikən]	Hähnchen
chop/cutlet [tschap/'katlət]	Kotelett
filet mignon ['filä minjon]	Filetsteak
duck(ling) ['dak(ling)]	(junge) Ente
gravy ['gräivi]	Fleischsoße
ground beef ['graund 'bihf]	Hackfleisch vom Rind
ham [häm]	gekochter Schinken
hamburger ['hämböhgər]	Hamburger
lamb [läm]	Lamm
liver (and onions)	Leber (mit Zwiebeln)
['liwər (ən 'anjəns)]	
meatloaf [mihtlof]	Hackbraten
New York Steak [nu jork stäk]	Steak mit Fettrand
pork [pohk]	Schweinefleisch
rabbit ['räbit]	Kaninchen
roast [rost]	Braten
rump steak ['ramp stäik]	Rumpsteak
sausages ['sosidschis]	Würstchen
sirloin steak ['söhloin stäik]	Lendenstück vom Rind, Steak
T-bone steak ['tihbon stäik]	Rindersteak mit T-förmigem Knochen
turkey ['töhki]	Truthahn
veal [wihl]	Kalbfleisch
venison ['wänisn]	Reh oder Hirsch

SPRACHFÜHRER AMERIKANISCH

VEGETABLES AND SALAD | GEMÜSE UND SALAT

baked beans ['bäikt 'bihns]	gebackene Bohnen in Tomatensoße
baked potatoes [bäikt pə'täitəus]	gebackene Kartoffeln in Schale
cabbage ['käbidsch]	Kohl
carrots ['kärəts]	Karotten
cauliflower ['kaliflauər]	Blumenkohl
chef's salad ['schefs 'säləd]	Salat mit Schinken, Tomaten, Käse, Oliven
eggplant [egplänt]	Aubergine
french fries [fränsch 'frais]	Pommes frites
corn-on-the-cob ['kohn_an θə 'kab]	Maiskolben
cucumber ['kjuhkamba]	Gurke
garlic ['garlik]	Knoblauch
hash browns ['häsch bräuns]	Bratkartoffeln
herbs [ərbs]	Kräuter
leek ['lihk]	Lauch
lentils ['läntils]	Linsen
lettuce ['letis]	Kopfsalat
mashed potatoes [mäscht pə'täitəus]	Kartoffelbrei
mushrooms ['maschrums]	Pilze
onions ['anjəns]	Zwiebeln
peas ['pihs]	Erbsen
peppers ['päppərs]	Paprika
pickles ['pikls]	Essiggurken
pumpkin ['pampkin]	Kürbis
produce ['proəducə]	frisches Gemüse
spinach ['spinidsch]	Spinat
squash ['skwasch]	kleiner Kürbis
tomatoes [tə'mähtous]	Tomaten

DESSERT AND CHEESE | NACHSPEISEN UND KÄSE

apple pie ['äpl 'pai]	gedeckter Apfelkuchen
brownie ['brauni]	Schokoladenplätzchen
cinnamon roll [sinəmon roul]	Zimtgebäck
cheddar ['tschädər]	kräftiger Käse
cookies [kukis]	Kekse
cottage cheese ['katidsch 'tschihs]	Hüttenkäse
cream [krihm]	Sahne
custard ['kastəd]	Vanille-Eiercreme
donut ['doənat]	Schmalzkringel
fruit salad [fruht 'säləd]	Obstsalat
goat's cheese ['gots tschihs]	Ziegenkäse
ice-cream ['ais'krihm]	Eis
pancakes ['pänkäiks]	Pfannkuchen
pastry ['päistri]	Gebäck
rice pudding ['rais 'pədding]	Reisbrei

FRUIT	OBST
apples ['äpls]	Äpfel
apricots ['äiprikats]	Aprikosen
blackberries ['bläkbəris]	Brombeeren
cantaloup ['käntəlop]	Zuckermelone
cherries ['tschäris]	Kirschen
figs [figs]	Feigen
grapes [gräips]	Weintrauben
lemon ['lämən]	Zitrone
melon ['mälən]	Melone
oranges ['orindschəs]	Orangen
peaches ['pihtschəs]	Pfirsiche
pears [peərs]	Birnen
pineapple ['pain,äpl]	Ananas
plums [plams]	Pflaumen
raspberries ['rähsbəris]	Himbeeren
rhubarb ['ruhbahrb]	Rhabarber
strawberries ['strahbəris]	Erdbeeren

Beverages
Getränkekarte

ALCOHOLIC DRINKS	ALKOHOLISCHE GETRÄNKE
beer [biər]	Bier
on tap ['on täp]	vom Faß
brandy ['brändi]	Kognac
cider ['saidər]	Apfelwein
red/white wine [räd/wait wain]	Rot-/Weißwein
dry/sweet [drai/swiht]	trocken/lieblich
sherry [schäri]	Sherry
sparkling wine ['spahrkling wain]	Sekt
table wine ['täibl wain]	Tafelwein

SOFT DRINKS	ALKOHOLFREIE GETRÄNKE
alcohol-free beer ['älkəhal,frih 'biər]	alkoholfreies Bier
fruit juice ['fruht dschuhs]	Fruchtsaft
lemonade [,lämə'näid]	gesüßter Zitronensaft
milk ['milk]	Milch
mineral water ['minrl ,wahtər]	Mineralwasser
root beer ['rut ,biər]	süße, dunkle Limonade
soda water ['sodə ,wahtər]	Selterswasser
tomato juice [tə'mähto dschuhs]	Tomatensaft
tonic water [tannic wahtər]	Tonicwasser

Reiseatlas Neuengland

*Die Seiteneinteilung für den Reiseatlas finden Sie
auf dem hinteren Umschlag dieses Reiseführers*

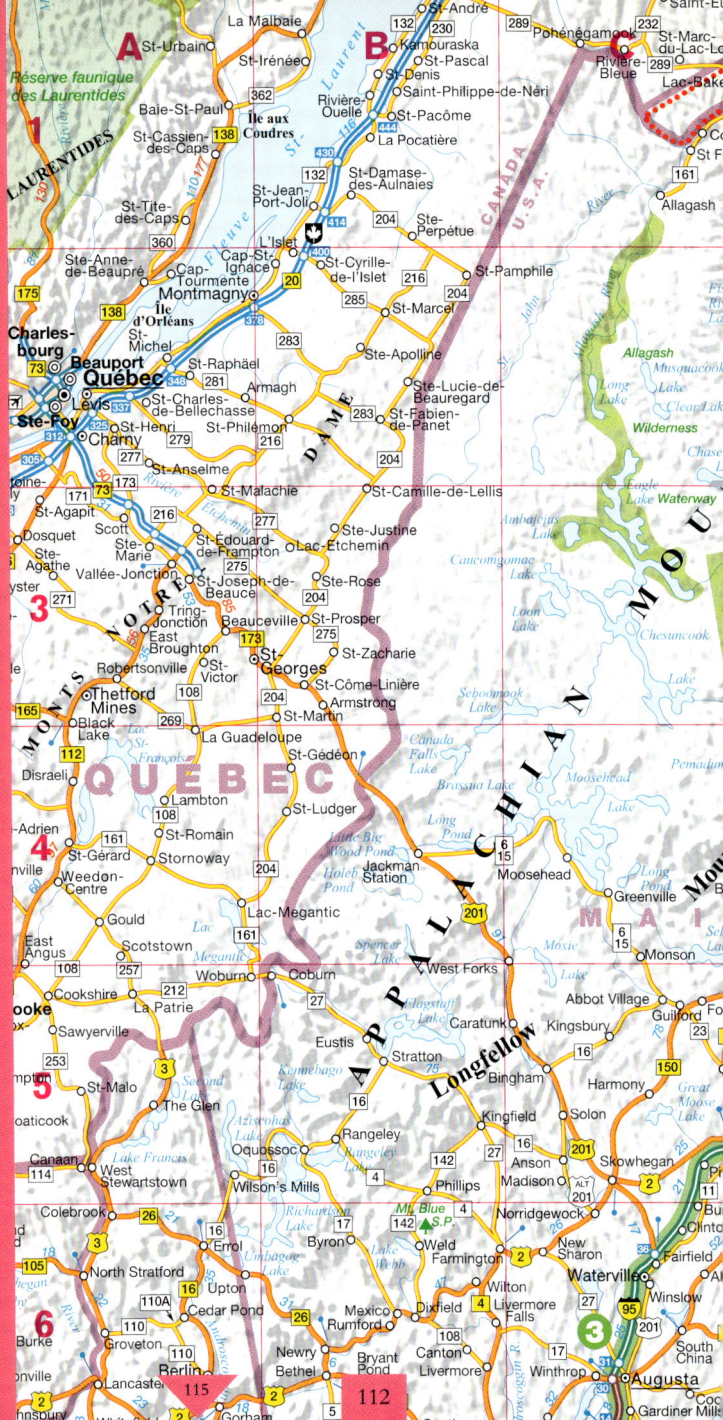

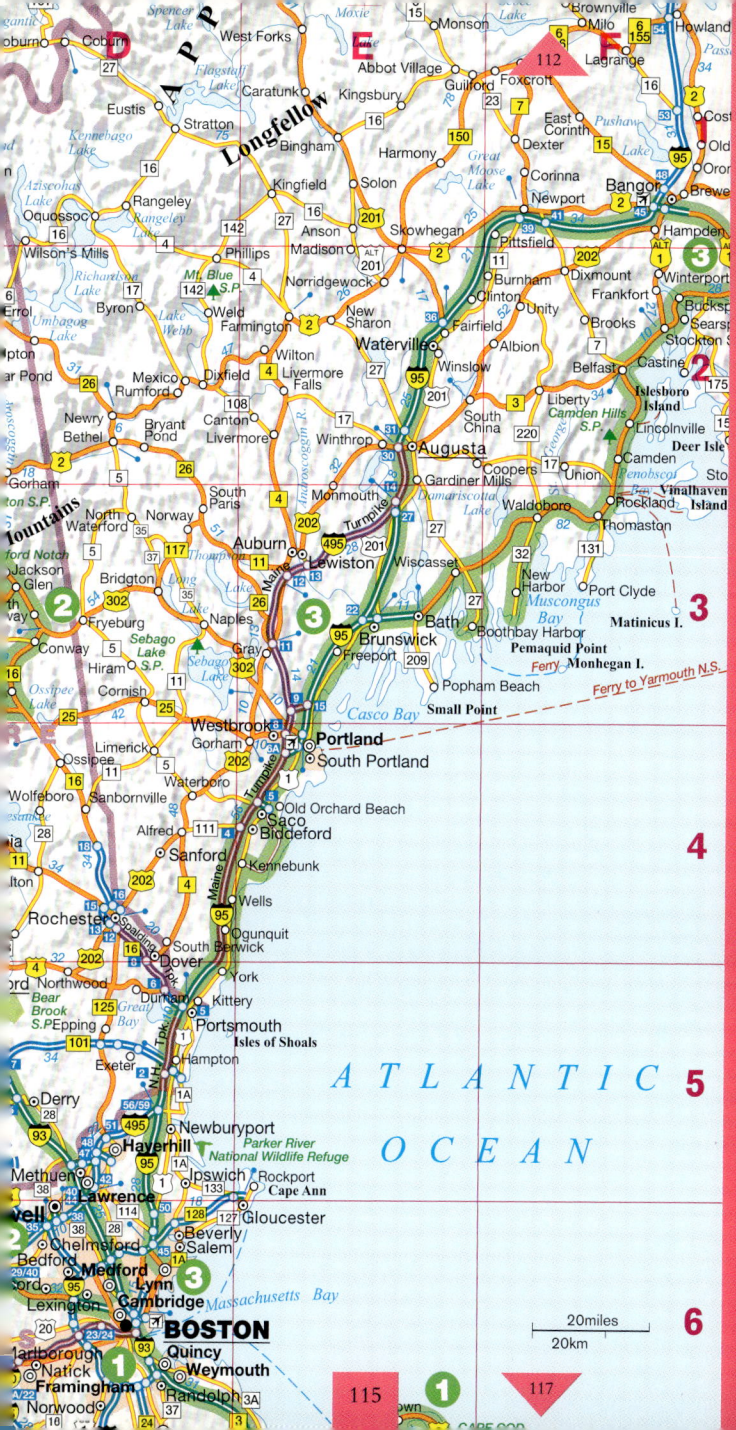

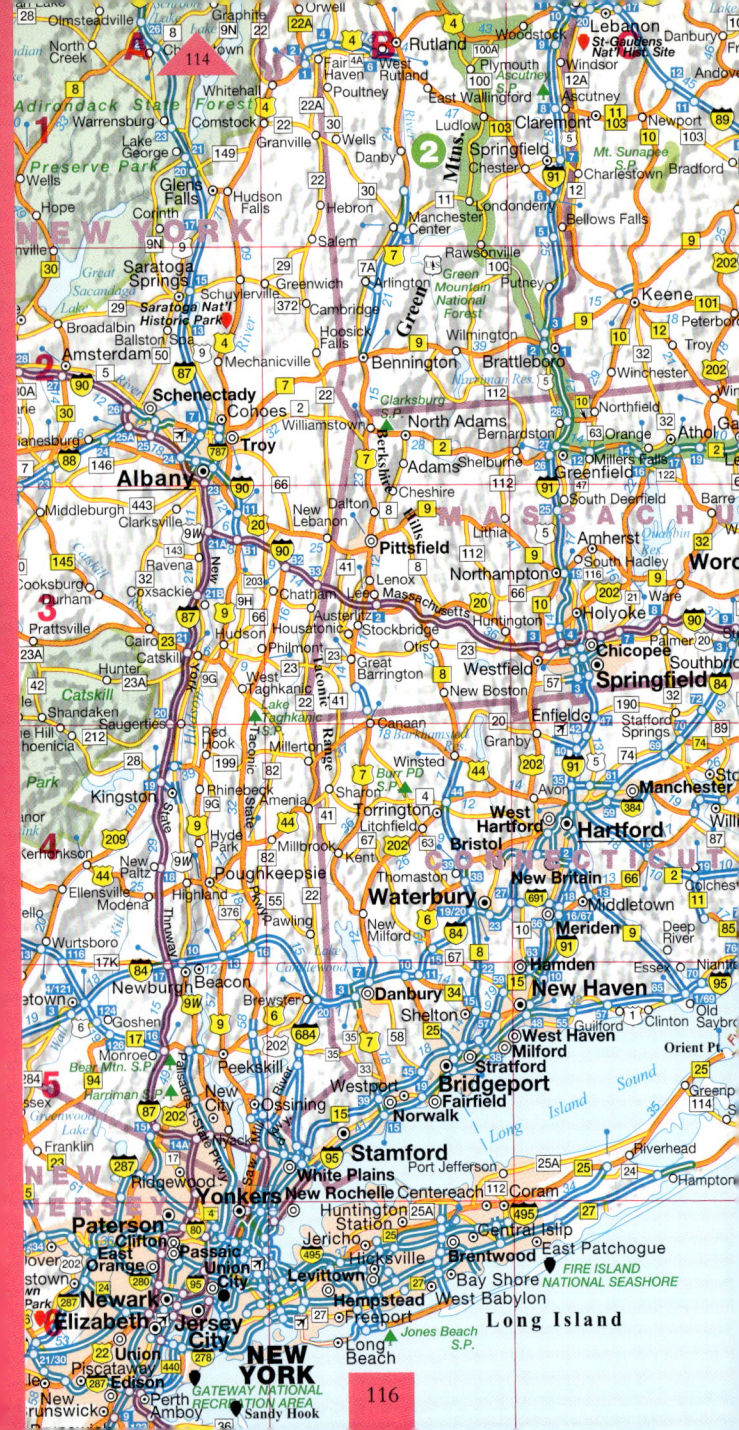

LEGENDE REISEATLAS

Gebührenfreie Autobahn mit Anschlußstelle und Nummer		Controlled access highway with interchange and exit number
Gebührenpflichtige Autobahn		Controlled access toll highway
Hauptverbindungsstraße		Principal through highway
Nebenstraße		Other through highway
Interstate Highway		Interstate highway
US-Highway		US highway
Trans-Kanada-Highway		Trans-Canada highway
Bundesstaat- oder Provinzhighway		State or provincial highway
Entfernung (Meilen/Kilometer)	25 40	Distance (Miles/Kilometres)
Internationale Grenze		International boundary
Provinz- oder Bundesstaatsgrenze		Provincial, territorial or state boundary
Auto-, Personenfähre		Car-, passenger ferry
Zeitzonengrenze		Time zone boundary
National-, Bundesstaat-, Provinzpark		National/state/provincial Park
Erholungs- oder Schutzgebiet		Recreational area or reserve
US Nationalpark		US National Park
Sehenswürdigkeit unter Nationalparkverwaltung		US National Park Service
Kanadischer Nationalpark		Parks Canada
US Bundesforstverwaltung		US Forest Service
Wichtiges Naturschutzgebiet		Major National Wildlife Refuge
Ausgewählter Staats-/Provinzpark		Selected state/provincial park
Sehenswürdigkeit		Point of interest
Wichtiger Flughafen		Major airport
Stadtgebiet		Built-up area
Städte und Ortschaften	**ATLANTA**●	Populated centres
	Pittsburgh◉	
(Schrift und Signatur abhängig von Einwohnerzahl)	**Pensacola**◎	(Type size and dot indicative of population)
	Mayfield○	
Hauptstadt	**WASHINGTON**	National capital
Bundesstaats-/Provinzhauptstadt	**RICHMOND**	State/provincial/territorial capital

20 miles
20 km

Hier finden Sie die meisten erwähnten Orte, Sehenswürdigkeiten, Museen, Ausflugsziele, Inseln, Naturdenkmäler und Strände. Halbfette Seitenzahlen verweisen auf den Haupteintrag, kursive auf ein Foto

Was bekomme ich für mein Geld?

 Der Dollar, Leitwährung der ganzen Welt, hat sich in der letzten Zeit um 1,80 Mark eingependelt. Damit sind die Umrechnungskurse nicht mehr ganz so günstig wie vor einiger Zeit, aber der Besucher bekommt trotzdem eine Menge für sein Geld. Das beginnt mit den Flugpreisen und gilt auch für das Anmieten eines Autos, in Neuengland notwendiges Fortbewegungsmittel. Ein Kleinwagen *(Subcompact oder Economy Car)* kostet ohne Kilometerbeschränkung selten mehr als $ 200 pro Woche. Der Liter Benzin liegt bei 40 Cents.

Andere Preise zum Vergleich: Kaffee gibt es im Coffee-Shop für 75 Cent pro Tasse. Ein Lobster Roll, das Brötchen mit frischem Hummersalat, kostet in Maines Küstenorten $ 10. Ben & Jerry's Eiscream aus Vermont (probieren: die Sorte *Heath Bar Crunch*) kostet $ 1,75 pro Kugel. Eine halbtägige Schiffsreise zur Stellwagen Bank, dem Futtergrund der Wale, kostet ab Gloucester $ 25, das Fahrrad auf Long Island $ 20 pro Tag. Zehn der Sommerpaläste von Vanderbilt und Co. sind in Newport für $ 47 zu besichtigen. Die Fahrt auf den Mount Washington kostet mit der ältesten Zahnradbahn der Welt $ 44, zu Fuß ist der Ausflug umsonst!

DM	US-$	US-$	DM
1	0,55	1	1,81
2	1,11	2	3,61
3	1,66	3	5,42
4	2,21	4	7,23
5	2,77	5	9,03
10	5,54	10	18,07
20	11,07	20	36,13
25	13,84	25	45,17
30	16,61	30	54,20
40	22,14	40	72,26
50	27,68	50	90,33
75	41,51	75	135,50
100	55,35	100	180,66
200	110,71	200	361,32
250	138,38	250	451,65
300	166,06	300	541,98
500	276,76	500	903,30
750	415,14	750	1.354,95
1.000	553,53	1.000	1.806,60
2.000	1.107,05	2.000	3.613,20

Bei Scheckzahlung/Automatenabhebung am Urlaubsort berechnet die Heimatbank die obenstehenden Kurse. Stand: Juni 1999